Parte 3,
La Mente con la M maiuscola 93

ARRAMPICARE CON FIDUCIA

60 trucchi per migliorare la tecnica e la mente nell'arrampicata

Camille Chalange

Traduzione di Serena Calvi

Indice dei contenuti

Prefazione

Perché questo libro? È spesso ciò di cui si parla in un preambolo, no?

Per una volta, parlerò di me in questa breve introduzione.

Mi sono dedicato completamente all'arrampicata tra il 2000 e il 2010. Avevo una ventina d'anni. Vivevo per l'arrampicata, mangiavo arrampicata, viaggiavo per l'arrampicata, sognavo l'arrampicata. Un infortunio alla spalla mi allontanò dalle falesie per un lungo periodo. Non sapevo, all'epoca, se avrei potuto praticarla di nuovo. Allo stesso tempo, progetti professionali mi portarono a lavorare all'estero, lontano, molto lontano dal mondo verticale.

Dodici anni dopo, di ritorno in Francia, passando nel Sud (con una S maiuscola!), i miei occhi furono irrimediabilmente attratti dalla vivacità di queste rocce gialle e ocra che si ergono con orgoglio in tutte le direzioni. Mi iscrissi sui social network per riprendere l'arrampicata. In un gruppo di principianti.

Qualche mese dopo, stavo di nuovo arrampicando regolarmente tra il 6c e il 7a, mentre i miei compagni rimanevano nel 6a. Mi chiedevano come avessi potuto arrampicare così rapidamente a livelli di difficoltà che sembravano loro inaccessibili. Avevo semplicemente in mente, nei ricordi, i metodi, i trucchi, le piccole cose che avevo acquisito durante il mio periodo fanatico. La mia memoria non aveva dimenticato tutte quelle piccole cose che, messe insieme, spesso fanno la differenza.

Studi statistici[1] mostrano che il 70% degli scalatori rimane bloccato sotto il livello 6b.

Esistono già numerosi libri sulla tecnica, su come migliorare e anche sulle diete dedicate all'arrampicata. Questo breve opus-

---

1   ECORE (Étude des Comportements à Risque en Escalade Sportive) condotta in collaborazione con l'Università di Aix-Marseille nel 2021. O visita https://www.reddit.com/r/climbing/comments/d3ky77/statistical_analysis_of_just_how_hard_individuals

colo vuole essere semplicemente, e senza pretese, una raccolta di consigli semplici e facili da implementare. Saranno utili ai principianti e a tutti coloro che sono bloccati su un grado, per migliorare e passare dal livello 5c/6a al livello intermedio - che potremmo collocare intorno al 7a.

Per confermare il proprio livello in arrampicata, basta individuare una via di una certa difficoltà, e scalarla pulita fino in catena. È semplice!

Passare dal 5° al 6° grado richiede prima di tutto un approccio un po' più riflessivo all'arrampicata. Capire le diverse nozioni di buona posizione del piede è fondamentale. Anche la comprensione degli «equilibri di base» favorisce il passaggio al 6a al 6b. Il 6c richiede spesso un leggero affinamento di questi equilibri, un po' più di forza nelle dita e una lettura più approfondita delle vie e dei passaggi.

Passare dal 6° al 7° grado richiederà, inoltre, di sviluppare una maggiore finezza nella percezione degli equilibri – e degli squilibri –, di disporre di un repertorio gestuale più ampio e di arrampicare in modo più strategico, più costruito. La lettura diventa quindi determinante.

In assoluto, raggiungere il 7° grado non richiede un rafforzamento muscolare specifico. Il semplice fatto di arrampicare con regolarità è ampiamente sufficiente. Pertanto, in questo libro, solo alcuni consigli riguarderanno veramente lo sviluppo specifico della forza. Infatti, il primo ostacolo per i principianti è spesso dare troppo spazio alla forza muscolare, mentre questa dovrebbe essere considerata più come complementare a una buona tecnica, una capacità di lettura approfondita e un buon approccio mentale. Sopravvalutare la forza è spesso sinonimo di sottovalutare il resto. Eppure, proprio l'arrampicata, nella sua filosofia del gesto e del «minimo sforzo», è soprattutto il resto.

Buona lettura, buona arrampicata e, soprattutto, buon divertimento sulla roccia!

Come leggere questo libro?

Questo libro è pensato per essere letto, a vostra scelta, sia come un libro classico (dalla prima all'ultima pagina), sia come una guida pratica da dove prendere spunto su ciò che più interessa. I lettori più frettolosi potranno anche sfogliare il libro grazie al paragrafo **«In breve»** che sintetizza ogni trucco o consiglio. Climba «la scimmia arrampicatrice (e un po' filosofa!)» vi accompagna lungo tutta la vostra lettura.

Parte 1, I piedi, le mani e il resto

1. ALZA I TUOI PIEDI!

Chi non si è mai trovato bloccato sulla roccia, immerso in un baccano di «Alza i piedi, alza i piedi! Dai, alza i piedi! Hai una presa là a destra, no a sinistra, voglio dire, al livello del tuo ginocchio!».

Tutti conosciamo questa situazione.

Eppure, a volte dimentichiamo il fatto che sì, l'arrampicata è prima di tutto una questione di piedi. E pensare in primo luogo a sollevarli – prima di cercare disperatamente nuove prese per le mani – rimane e rimarrà sempre la base.

Nell'immaginario collettivo, l'arrampicata è uno sport di braccia forti. Perché bisogna poter tirare su queste ultime per issarsi fino alla catena. E invece no! Le braccia servono soprattutto a mantenere l'equilibrio e a tenere il contatto con la parete mentre, allo stesso tempo, si chiede alle gambe di realizzare il massimo sforzo di spinta verso l'alto. Uno dei principi fondamentali dell'arrampicata è, ogni volta che sarà possibile, di privilegiare lo sforzo delle gambe. Le gambe infatti, a differenza delle braccia, hanno naturalmente la forza di portare costantemente il peso del corpo. Le gambe sono scelte dal corpo come punti di ancoraggio stabili, ma anche come «strumenti» di propulsione. E indovinate quale parte anatomica del corpo sostiene le gambe? Sì, i PIEDI!

In breve: Penso sempre a sollevare i miei piedi prima di cercare nuove prese per le mani più in alto; spingo sulle mie gambe piuttosto che tirare sulle mie braccia.

E ora?

2. Un grande passo per l'uomo, un piccolo passo per l'arrampicatore!

O viceversa. Insomma.

L'arrampicatore principiante tenderà sempre a cercare prese grandi (o prese generose, se preferite!), sia per le mani che per i piedi. Queste ultime si trovano tuttavia a volte lontane e lo obbligano a fare passi lunghi.

Tuttavia, più i passi sono grandi, più lo sforzo per issarsi e stabilizzarsi sarà importante, e la perdita di energia conseguente. L'economia gestuale sistematica è essenziale e determinante nell'arrampicata; consente di concentrare gli sforzi sul lungo periodo.

Quanto più possibile, per risparmiare, si favoriranno quindi passi piccoli, in particolare nei profili di pareti poco appoggiate o verticali.

Tuttavia, sarà necessario bilanciare questa affermazione, in particolare quando si arrampica su profili strapiombanti. Passi lunghi permettono infatti di uscire più rapidamente da una sezione ostica. Quindi i passi piccoli in strapiombo non saranno sempre pertinenti.

In breve: Faccio passi piccoli per tirare meno e risparmiare energia.

Esercizio 1: Prova ad arrampicare una via che conosci facendo solo passi dove la presa del piede successiva è sotto il ginocchio. Confronta l'energia spesa con la salita della stessa via facendo passi lunghi.

Esercizio 2: Sforzati, quando nessuna presa evidente si trova tra la punta della tua scarpetta e il tuo ginocchio, di fare un passo di aderenza intermedio.

Quando sei una scimmia, bisogna fare passi grandi o piccoli?

3. Non passare lo straccio!

Troppo spesso, i principianti grattano la roccia alla cieca con il piede, finché, apparentemente, il piede non scivola più e pensano di aver trovato un appoggio degno di questo nome! Il gesto assomiglia a uno strofinare maldestro dello straccio!

Dimenticate lo straccio! Al contrario, sforzatevi di individuare e poi mirare con precisione il prossimo appoggio per il piede.

Quando cambiate appoggio per il piede (cioè quando il vostro «piede libero» si dirige verso l'appoggio successivo), pensate a caricare bene la gamba opposta - quindi spostate il vostro peso sull'altro piede, quello che rimane fermo sul suo appoggio, senza forzare ulteriormente sulle prese per le mani. Con questo semplice gesto - caricando l'altro piede con un trasferimento di peso e posizionando il piede libero con precisione - guadagnerete in stile, in economia muscolare, in efficacia e, ultimo ma non meno importante, in risparmio di paia di scarpette!

Risuolare le scarpette è bene, ma posizionare il piede in modo impeccabile è meglio!

In breve: Individuo sempre in anticipo la prossima presa per il piede e posiziono la mia scarpetta con precisione.

Ho voglia di lasciarmi andare, ma ho paura di cadere!
"La vita è un equilibrio tra attaccarsi e lasciar andare," disse il poeta Rumi.

4. Piedi al posto delle mani!

Normalmente, quando qualcuno ti dice che hai i piedi al posto delle mani, non è un complimento... In arrampicata, invece, è un buon consiglio! Ricordate che la maggior parte delle prese per le mani (tacche, buchi, piatti, ecc.) possono essere buone prese per i piedi. Quindi, quando arrampicate - e soprattutto a vista - cercate sempre di memorizzare le prese che avete appena usato come prese per le mani!

Questo semplice dettaglio renderà molto più fluida la vostra arrampicata. Non perderete più tempo a cercare disperatamente una presa per i piedi. Anticipare i piedi, a volte, significa semplicemente ricordare le prese per le mani!

In breve: Ricordo sempre le prese per le mani che possono servirmi come prese per i piedi.

Esercizio: Arrampicate su qualsiasi via insistendo sulla memorizzazione delle prese per le mani e utilizzatele successivamente come prese per i piedi.

5. I bordi sono (soprattutto) per lo snowboard!

Molti principianti usano in modo inappropriato le loro scarpette da arrampicata. Arrampicano sui bordi interni, che li fa sembrare come «anatre rupestri». A volte ho consigliato loro di arrampicare di più con la punta della scarpetta. Alcuni mi hanno risposto: «Se ci sono i bordi, non è per niente!». A cui avrei dovuto rispondere: «Le vostre scarpette hanno anche dei talloni, non avete mai pensato di arrampicare un'intera via sui talloni? No?».

Certo, in alcuni casi, come su una placca veramente verticale e sui tetti, gli spigoli esterni o interni possono essere utili: offrono la possibilità di una migliore posizione del piede. Ma nella stragrande maggioranza dei casi, sarà molto più efficace - e pragmatico - posizionare la PUNTA della scarpetta!

In questo modo, potrete veramente «sentire» le prese e quindi caricarle meglio. E soprattutto, posizionare la punta offre la possibilità di ruotare facilmente sul piede per iniziare il movimento successivo, quando una posizione sugli spigoli che non è adatta al contesto vi bloccherebbe meccanicamente o «articolarmene», rendendo meno fluido il prossimo movimento di gamba.

6. Caricare significa posare

Guardate bene gli scalatori professionisti, sembrano quasi avvitare i loro piedi sulla roccia. Poi spingono per salire. Un piede è veramente posato solo quando è «caricato», cioè quando l'intero peso del corpo poggia su di esso. Può sembrare leggermente controintuitivo all'inizio, ma più una presa di piede è piccola, più sembra sfuggente, liscia, più sarà necessario caricare, mettere il massimo del peso su di essa. Questo è valido per tutti i tipi di roccia, dal verticale allo strapiombante e, naturalmente, è determinante in placca. Ovviamente, all'inizio, si fatica a fidarsi di un pezzo di roccia o di resina così piccolo, così stretto, così scivoloso. Quindi ci si astiene dal metterci peso e lì, la scivolata è assicurata!

I piedi sono la base della vostra piramide di progressione nell'arrampicata. Quindi concentratevi al massimo sui vostri appoggi. Sviluppate le vostre sensazioni di trasferimento del peso da un piede all'altro. Provate diverse posizioni. Alzatevi sui piedi e misurate quanto tutto dipenda da questi!

N.B. In placca, più mettete gomma contro la roccia, maggiore sarà l'aderenza. In questo senso, su questo tipo di passaggio, una scarpetta che permette una certa flessibilità della punta può rivelarsi più efficiente di una scarpetta di tre taglie più piccola! Infatti, una punta rigida come un bastone non sempre aiuta nei passaggi di pura aderenza. Per essere precisi, una scarpetta rigida e «piccola» intesa come «stretta» permetterà di stare sugli spigoli, nel caso di micro-tacche ad esempio. Con una scarpetta «della propria taglia», non si potrà tenere a lungo sulla punta delle unghie, lo sforzo è troppo costrittivo fisicamente. Invece, si potrà «caricare» meglio qualsiasi micro-tacca posando realmente tutta la punta, fino sotto le dita. Fate il test voi stessi. Provate lo stesso passaggio di aderenza con una scarpetta dalla punta relativamente flessibile e una scarpetta più rigida, e confrontate.

In breve: Per tenersi su un piccolo appoggio di piede, metto tutto il mio peso sopra.

Esercizio 1: Fate traversi arrampicando e disarrampicando. È uno dei migliori modi per capire il trasferimento di peso da una gamba all'altra.

Esercizio 2: In top-rope - o da primi per i più coraggiosi! - provate un tiro famoso per i suoi appoggi piccoli o scivolosi, e caricate ogni appoggio al massimo. Avrete appena guadagnato fiducia nei vostri piedi!

Esercizio 3: Su una via che conoscete, cercate di fare un piccolo passo di aderenza tra i normali appoggi, caricando sempre al massimo ogni piede. E notate la minore fatica muscolare nella parte superiore del corpo!

7. Spingere significa posare

Questo consiglio di spingere piuttosto che semplicemente posare il piede si rivolge in particolare a chi inizia a scalare i tetti. Questo è frequente quando si passa dal 6° al 7° grado.

Infatti, in un tetto, dovete mantenere una buona tenuta per far riposare parte del peso del corpo sui vostri piedi. Senza spinta dei piedi, non c'è (o quasi) trasferimento del peso su di essi, e le braccia ereditano tutto il carico... Quindi, quanta più spinta mettete negli appoggi, tanto più risparmierete trazione delle braccia. Quindi sarà importante cercare di spingere con i piedi sulla roccia o sul muro artificiale.

La giusta tensione corporea, la giusta tenuta, inizia dalla punta delle unghie! Quindi non dimenticate di contrarre gli addominali, i glutei, ma provate anche a stringere le dita dei piedi, a graffiare la roccia verso il basso con le unghie dei piedi. Alcuni parlano di «graffiare» la roccia! Il gesto si traduce visivamente con un sollevamento del tallone. Più la presa di piede sarà incrociante e più il gesto di graffiare sarà evidente, efficace e facile da realizzare.

In breve: In tetto, non solo carico le prese di piede, ma spingo come se graffiassi la roccia.

Esercizio: In un tetto, arrampicate una prima volta posando solo i piedi, senza spingere né graffiare. Poi, rifate la stessa via, questa volta spingendo sulle punte dei piedi e «graffiando» ogni presa. Confrontate la tenuta e l'economia generale che ne derivano.

8. Siate pigri!

Immaginate un colloquio di lavoro. Siete eleganti, motivati, pronti a dedicarvi anima e corpo alla missione che questa nuova azienda vi affiderà (ovviamente esagero, personalmente non ho mai provato tali sentimenti...). Il capo vi osserva da capo a piedi, poi vi guarda dritto negli occhi e dice: «soprattutto, siate pigri». Voi spalancate gli occhi. Aggiunge «intendo dire, non forzate più del necessario, andateci piano, zen, ok?». Cadreste dalle nuvole, vero? Cosa pensereste? Un capo alla mano? Si sta prendendo gioco di me? Un pazzo?

L'arrampicata è quel capo fuori di testa che vi implora di non forzare più del necessario!

È uno degli errori ricorrenti, e lo commettiamo tutti. Forziamo sulle prese sempre più di quanto sia necessario. E ancora di più, spesso, al momento del rinviare! Quando ci prende la paura di cadere...

Per una volta, immaginiamoci come macchine (non mi piacciono queste metafore, ma sono eloquenti). Quindi, con una riserva di energia disponibile. Più stringiamo ogni presa, più rapidamente consumiamo la nostra batteria. Così, per andare più in alto, sarà sufficiente stringere le prese al minimo, per risparmiare i nostri avambracci.

Inoltre, soprattutto in un tetto, cercheremo di arrampicare con le braccia tese piuttosto che piegate. Il risparmio energetico, a livello dei bicipiti in particolare, sarà considerevole, determinante nelle vie lunghe. Provate il braccio teso, non ne farete più a meno!

In breve: Non stringo troppo le prese e arrampico con le braccia tese il più possibile.

Esercizio 1: In una via di livello inferiore al vostro massimo, provate ad arrampicare allentando la presa il più possibile. Forzando il meno possibile su ogni presa, flirtate con quel limite sottile tra la caduta e la minima forza investita. Immergetevi in questa sensazione e valutate fino a che punto potreste allentare la vostra presa e tenere. Rimarrete sorpresi di quanta energia venga sprecata inutilmente solo per rassicurarsi mentalmente.

Esercizio 2: Quando rinvii, sforzati di non stringere più forte la tua presa di mantenimento rispetto a quando arrampichi.

9. Respira, è (ancora) gratuito!

Ricordati di respirare sempre correttamente. Ed evita soprattutto le fasi di apnea (spesso dovute allo stress e alla paura) che consumano le tue capacità di resistenza.

Soprattutto in falesia, dove «la continuità» si ottiene con la resistenza. Approfondiremo questi due termini nella sezione «strategie e altri stratagemmi».

Perché è così importante respirare correttamente? Da un lato, per fornire adeguatamente ossigeno ai muscoli. Dall'altro, il semplice atto di respirare consente di gestire il livello di «stress», di risparmiare energia e di ritardare l'insorgenza della stanchezza.

In breve: Evito di arrampicare trattenendo il respiro e mantengo una respirazione regolare e profonda.

Esercizio 1: Concentrati sulla tua respirazione e sul battito cardiaco prima di iniziare ad arrampicare. Durante la salita, cerca di riconnetterti alla tua respirazione durante i momenti di riposo, rilassando al massimo il tuo corpo. Mentre arrampichi, cerca di mantenere una respirazione normale, fluida e rilassata ed espira ad ogni movimento.

Esercizio 2: Allenati al di fuori dell'arrampicata con diversi tipi di respirazione: toracica, addominale e clavicolare.

10. Ogni presa è unica (o quasi)!

Due dei nostri cinque sensi sono particolarmente sollecitati nell'arrampicata. La vista, innanzitutto. Che permette soprattutto la lettura della via, come vedremo più avanti. E il tatto. Quest'ultimo ci fornirà informazioni aggiuntive - e cruciali - sulla forma delle prese, le loro asperità, la loro grana, il loro livello di aderenza, ecc.

Cercheremo di «lavorare», di «valorizzare» ogni presa: cioè di trovare il senso, il modo di afferrarla che offre la massima sicurezza e garantisce il miglior equilibrio.

Il pollice spesso aiuterà a ottimizzare la presa permettendo un ulteriore appoggio sulla presa per bloccarla o «pinzarla».

Cercheremo anche di prestare attenzione all'orientamento delle prese per capire la direzione in cui spingere con i piedi per garantire un equilibrio ottimale. Nella maggior parte dei casi, le spinte sono opposte.

In breve: cerco sempre il modo migliore per afferrare ogni presa. Penso ad usare anche il pollice nelle mie prese.

Esercizio: Concentrati sull'orientamento delle prese e prova diverse spinte con i piedi per acquisire consapevolezza degli equilibri coinvolti.

11. Sviluppa il tuo bagaglio gestuale! Arrampica ed osserva!

Thomas Jefferson diceva «Per imparare bisogna ascoltare. Per migliorare bisogna provare.» Avrebbe potuto aggiungere: per imparare, bisogna anche osservare!

Infatti, per aumentare la tua competenza tecnica, la tua «cassetta degli attrezzi», niente di meglio che osservare come agiscono gli altri arrampicatori. Che siano intorno a te o nei video di arrampicata, ad esempio. Chiediti se conosci il movimento che stanno facendo. Saresti in grado di replicarlo? Trovi in allegato[2] (p.136) un elenco quasi esaustivo dei diversi movimenti da arrampicata. Scorri la lista e verifica se conosci tutti questi movimenti.

| In breve: mi alleno regolarmente a riprodurre i movimenti osservati.

Esercizio: Sia su una parete rocciosa che su una parete artificiale, prova ciascuna delle prese e ciascuno dei movimenti descritti nell'elenco in allegato. Familiarizzati con la loro esecuzione.

---

2   Fonte: wikipedia.org, modificata e integrata

12. Contrai questi addominali. E questi glutei!

Come abbiamo detto, nell'arrampicata, le gambe consentono di esercitare una spinta che viene trasmessa al resto del corpo attraverso la parte centrale. Questa, nel suo insieme è quindi necessaria per trasmettere bene questo sforzo. Una buona tenuta della parte centrale del corpo consentirà di eseguire molti movimenti - specialmente i movimenti di ampiezza e di blocco in strapiombo.

Pensiamo ovviamente ai muscoli addominali quando parliamo di parte centrale. I nostri amici inglesi parlano di «core strength» per indicare i muscoli centrali del corpo (addominali, lombari e muscoli pelvici) che consentono di mantenere una buona postura, stabilizzare il corpo e sostenere la colonna vertebrale. Ma i muscoli stabilizzatori del bacino, in particolare i glutei (spesso dimenticati), intervengono anche in un «buon core». Un coinvolgimento dei glutei ti eviterà in particolare lo stile delle «natiche che cadono», poco estetico e soprattutto poco efficace! Quindi, contrai questi glutei!

> **In breve: coinvolgo i miei glutei per una tenuta ottimale!**

Esercizio 1 (a casa): Sdraiato sulla schiena (entrambi i piedi a terra o un piede a terra e l'altro incrociato sul primo), fai sollevamenti del bacino contraendo bene i glutei. Fai diverse serie di 20 ripetizioni, in base al tuo livello.

Esercizio 2 (a casa): Lavora sulla tua parte centrale attraverso diversi esercizi di nucleo attivo e passivo: Flying dog, panche, sollevamento del busto, ecc.

Esercizio 3: Arrampicando, prendi coscienza della contrazione dei glutei e confronta la qualità della tua tenuta.

13. Pensa ai rovesci e ad alzare le ginocchia!

I principianti hanno spesso il riflesso, l'automatismo, di cercare prese in pronazione, cioè prese di cui la parte prensile è situata in alto. E di fatto, spesso mancano i rovesci che sono invece essenziali in molte situazioni. Abituarsi molto presto a tenere le prese rovesce è garanzia di miglioramento. Per massimizzare il potenziale dei rovesci, dovremo sempre cercare di posizionare i piedi abbastanza in alto. Essendo più raggruppati, lo sforzo per mantenere una presa è ridotto e ci si concentra di più sulle gambe.

In breve: scaliamo utilizzando i rovesci; alziamo sempre molto in alto i piedi per ottimizzarli.

14 . Cosa significa riposo?

Parliamo di riposo in arrampicata per designare un luogo che, per la sua configurazione, consente un recupero parziale o completo. Si tratta quindi di un luogo che permette una buona stabilità senza sforzarsi troppo, dove ci si tiene ad esempio grazie a un semplice blocco di ginocchio o che consente di lasciare libere le mani: una cengia, un diedro, ecc.

In molti casi, tuttavia, sarà necessario «costruire», in base agli elementi presenti, una posizione, un equilibrio in cui si sfrutta al minimo la muscolatura. Gli arrampicatori esperti avranno più facilità a creare un riposo rispetto ai principianti. Sì, è ingiusto! In una placca o anche in strapiombo, è possibile riposarsi alternando le posizioni di equilibrio in modo da sollecitare e alternare gruppi muscolari diversi. Con questa alternanza tra contrazione e riposo, riuscirai a recuperare parte delle tue forze. Sarai «come nuovo»! Anche in caso di stanchezza, un riposo ben ottimizzato permette di recuperare rapidamente, attraverso l'ossigenazione dei muscoli - riciclando l'acido lattico[3] o eliminandolo -, la capacità di afferrare le prese. L'ottimizzazione riflessiva dei riposi fa parte delle strategie di arrampicata. Ripristinare le tue forze ti permetterà di affrontare con successo il prossimo movimento impegnativo e fisico. Approfitta sempre del riposo per pianificare il prossimo tratto della via (ideale per i prossimi 5-8 movimenti). Ora puoi raggiungere la sosta!

Tre cose per un buon riposo:

- un equilibrio che richiede pochi sforzi muscolari,

- un buon rilassamento generale,

- una respirazione ampia e regolare.

---

3   Cos'è l'acido lattico? Il lattato è un metabolita del glucosio prodotto dai tessuti dell'organismo quando l'apporto di ossigeno è insufficiente. L'acido lattico è responsabile della sensazione di bruciore nei muscoli, spesso avvertita dai climbers, soprattutto negli avambracci.

In altre parole, respiriamo e continuiamo a respirare anche tra i riposi.

Ricordatevi: niente apnea, anche se siete un po' stressati; pensate più a «Opéra Vertical» che a «Le Grand Bleu»!

Esercizio 1: In una qualsiasi via, durante il «riposo», cerca - respirando profondamente - di sentire il completo rilassamento del tuo braccio o delle tue braccia libere, dalla spalla ai trapezi, fino alle dita. Devi sentire davvero che le tue braccia si rilassano (una contrazione muscolare della spalla impedirà al sangue di circolare).

Esercizio 2: Fai la stessa via con e senza riposo e confronta!

15. Due parole chiave: il poligono di sostegno[4] e la linea d'azione!

In realtà, definiscono due fenomeni abbastanza semplici da capire.

Quando siamo sulla parete, sulla falesia, i nostri punti di appoggio (le nostre due mani e i nostri due piedi, se siamo fissi sulla roccia) formano una figura con molte facce, un poligono! Se tutte e quattro le estremità sono a contatto con la roccia, il poligono ha quattro lati. Quando andiamo a cercare una presa di mano o di piede, i nostri punti di appoggio, che sono tre, formano sempre un triangolo, quindi sempre un poligono!

In arrampicata, raramente i nostri punti di appoggio non formano un poligono: è semplicemente il caso di un salto o di un «no foot». Ma è frequente che questo poligono abbia una base molto stretta, quindi molto instabile... È il caso soprattutto di una fessura, in un movimento di bandiera e ogni volta che gli appoggi si trovano in un allineamento verticale!

La posizione del nostro centro di gravità[5] all'interno di questo poligono determinerà il livello di stabilità e/o lo sforzo necessario per mantenere l'equilibrio. Più il nostro centro di gravità (che si trova circa tra il nostro plesso solare e il nostro ombelico) è centrato nel poligono formato dai nostri punti di appoggio, più la posizione è stabile e minore è la quantità di forza necessaria per mantenere questo equilibrio. Lo verificheremo soprattutto quando lasceremo uno dei nostri appoggi per andare a cercarne un altro.

Inoltre, i nostri due punti di appoggio principali formano una

---

4   Nella meccanica del solido, si chiama superficie di sostegno, anche poligono di sostegno, la superficie su cui la proiezione ortogonale del centro di gravità di un solido sul terreno o su un supporto deve trovarsi per garantire l'equilibrio. Fonte: wikipédia.org

5   Punto di concentrazione delle diverse forze che consente a un corpo di mantenersi in equilibrio.

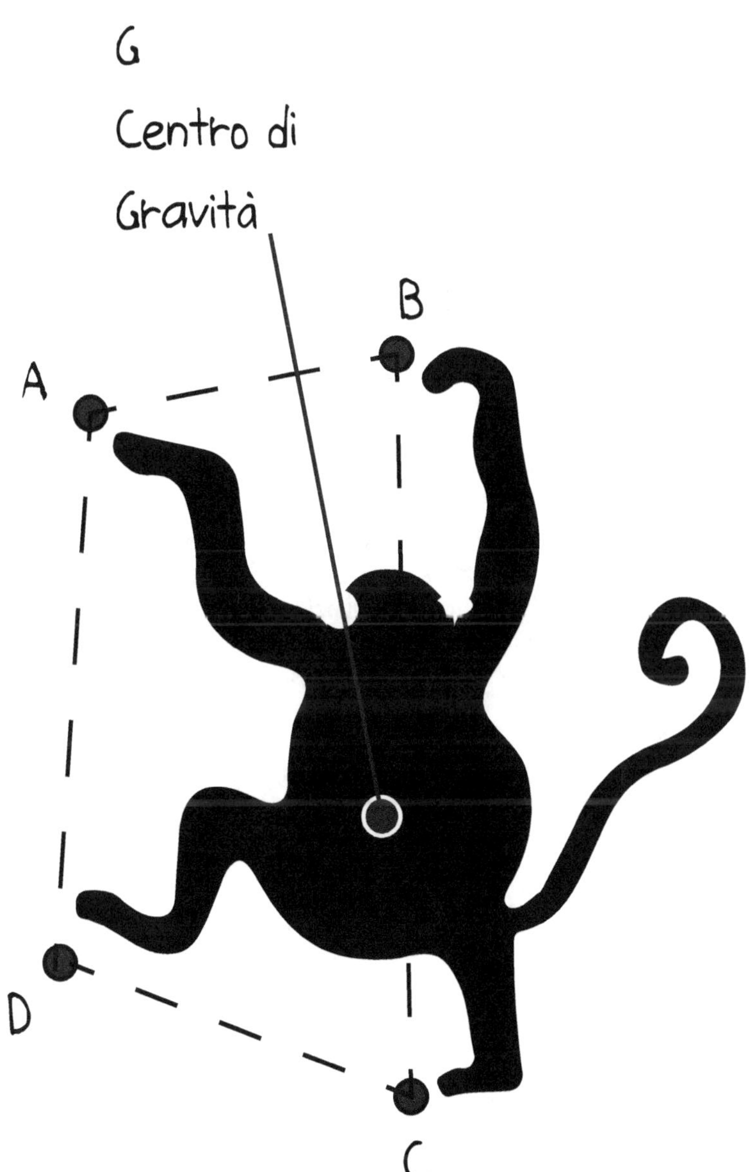

G
Centro di
Gravità
B
A
D
C

linea d'azione. Infatti, in una posizione di arrampicata, di solito ci sono due prese principali. Più il nostro centro di gravità sarà allineato tra questi due punti, meno sforzo dovremo fare per mantenere la posizione e più sarà facile raggiungere la presa successiva.

> **In breve: mantengo il mio centro di gravità in linea con i miei punti di appoggio principali (linea d'azione) così da fare meno sforzo per mantenere la posizione e lasciare una delle mie prese secondarie per progredire sulla via o riposare.**

Esercizio 1: Su una parete, prova diverse posizioni visualizzando la forma del poligono che crei con i tuoi punti di appoggio. Passa dal quadrilatero al triangolo liberando una presa di mano o una presa di piede e cerca di immaginare l'equilibrio creato. Sperimenta spostando il tuo centro di gravità fuori dal poligono o avvicinandolo ai bordi. Senti l'equilibrio, lo squilibrio, la stabilità o l'instabilità. In questo modo, portando alla consapevolezza il fenomeno e sperimentando diverse situazioni equilibrio, stai fornendo al tuo cervello, ai tuoi circuiti neurali, un nuovo materiale e stai migliorando la tua percezione spaziale (propriocezione).

Esercizio 2: Per trovare il giusto equilibrio, immagina quale squilibrio verrà creato lasciando uno dei tuoi appoggi. E pensa alla correzione adeguata per ritrovare l'equilibrio. I traversi in boulder o su una paretina sono perfetti per scoprire questi «equilibri e squilibri».

16. Importanza delle dita

Se l'arrampicata non è necessariamente uno sport per le braccia (almeno fino a un certo livello di difficoltà), è più difficile dire che non sia uno sport «per le dita». Infatti, se lo sforzo di sollevamento si basa per la maggior parte delle volte sulle gambe piuttosto che sulle braccia, è comunque essenziale mantenere l'appoggio sulla roccia. Ed è qui che entrano in gioco le dita! È sempre utile ricordare che i muscoli responsabili della presa (i flessori) non si trovano nella mano, ma nell'avambraccio.

Nell'arrampicata, lo sforzo richiesto alle dita è principalmente isometrico[6]. Cosa significa? In termini semplici, si tratta di una contrazione muscolare immobile. L'allenamento delle dita può quindi consistere nella ripetizione di questo sforzo isometrico attraverso semplici sospensioni sulle dita. Non è consigliabile fare trazioni sulle dita per i principianti!

Per approfondire, il libro «Beastmaking» di Ned Feehally è interamente dedicato all'allenamento sulla trave. Il sottotitolo, «Un approccio basato sulle dita per diventare un miglior arrampicatore», riassume bene il concetto.

Attenzione: l'allenamento delle dita dovrebbe essere riservato a uno stadio avanzato di pratica. Poiché le sollecitazioni sui tendini sono troppo intense per essere facilmente digerite dal corpo dei principianti. Infatti, se i muscoli si adattano facilmente (in poche settimane), i tendini hanno bisogno di molto più tempo (mesi). Gli esercizi specifici per le dita dovrebbero quindi essere riservati agli arrampicatori regolari con almeno un anno di esperienza, idealmente due anni.

---

6   Una contrazione muscolare in cui la lunghezza del muscolo non cambia, mentre la forza sviluppata dal muscolo aumenta.

17. Il mitico blocco!

Quello che chiamiamo «blocco» nell'arrampicata è la capacità di bloccare un braccio su una presa mentre la mano libera va alla ricerca di una nuova presa. È inutile sottolineare che più la presa è piccola e la pendenza è pronunciata, più il bloccaggio diventa difficile. Miglioreremo le nostre capacità di blocco in diversi modi:

- **Diventando consapevoli dei muscoli coinvolti**, cioè la spalla, il bicipite e i muscoli della schiena e delle scapole, e attivandoli in modo sincrono per eseguire il movimento. Infatti, più fibre muscolari saranno coinvolte nel movimento, più avrete «forza» per bloccare. Da qui l'importanza di un buon riscaldamento muscolare e di un buon coinvolgimento dei muscoli della spalla e della schiena.

- **Aumentando la massa muscolare coinvolta nel blocco.**

- **Attivando le fibre del bicipite e della spalla, ecc., nella loro attività di forza pura**, cioè in uno sforzo molto intenso e molto breve di pochi secondi!

Nota: A volte può essere più appropriato ricorrere ad un'arrampicata dinamica, senza blocco, meno dispendiosa in termini di energia. Tuttavia, nell'arrampicata a vista, il blocco è spesso necessario nella ricerca della presa successiva.

> **In breve: per eseguire un blocco più facilmente, non attivo solo il bicipite, ma contraggo anche i muscoli della spalla, della schiena e delle scapole.**

Esercizio: in una parete o in una via che padroneggiate, esercitatevi su ciascuno dei movimenti da bloccare a 90, 45 e 120 gradi. Poco a poco, questa sensazione di «poter bloccare» diventerà sempre più familiare. Potete anche fare serie di blocchi su diverse prese e diverse inclinazioni del muro, tenendo ogni blocco per 3-5 secondi in posizioni diverse.

Results
Resources
Ideas
35
-12
23

Parte 2, Strategie di arrampicata e altri escamotage

18. Ogni tiro è una pagina di un libro scritto sulla roccia!

È importante non impegnarsi in una lunghezza senza averla «letta» in anticipo. **Si distinguono tre fasi di lettura:**

• **Il primo sguardo fornisce informazioni sulla traiettoria del percorso e sullo stile di arrampicata** da aspettarsi: placca, strapiombo, diedro. Anche la lunghezza del percorso fornisce un'indicazione: un tiro di dieci metri sarà, per lo stesso livello di difficoltà, inevitabilmente più compatto e intenso di un tiro di trenta metri; le difficoltà saranno infatti concentrate.

• **Una seconda lettura vi invita a identificare le diverse sezioni della via** (placca, fessura, zona senza prese apparenti) e a immaginare **come si connettono tra di loro.** Quindi a identificare le possibili sezioni dove ci si può rilassare e distinguere i pochi punti in cui potrebbe essere impegnativo. In questo modo, è possibile dedurre approssimativamente il ritmo ideale per l'arrampicata. **Questa seconda lettura consente inoltre di immaginare approssimativamente dove si trovano le buone prese per assicurarsi vicino ai punti di ancoraggio** (spesso sono leggermente sopra lo spit o proprio accanto), e vi informa sul numero di rinvii utili e, eventualmente, sul modo di organizzare il vostro materiale alla vostra imbragatura.

Inoltre, questa lettura generale dà **un'idea delle prese che incontrerete**: una presa a due dita là, una sporgenza prominente qui, eventualmente una tacca subito dopo la sporgenza... Si immaginano quindi i movimenti e lo stile di arrampicata di ogni sezione. Si individuano i punti di riposo, i passaggi eventualmente impegnativi o esposti[7].

• **Infine, l'ultima lettura, più dettagliata, sarà limitata alla parte del tiro più vicina e facilmente osservabile.**

---

7   Un passaggio si dice esposto quando la caduta può implicare conseguenza fisiche (caduta a terra, etc.) mentre un passaggio « impegnativo » implica più la nozione di un volo importante, ma senza vere conseguenze fisiche.

LA CATENA!
monodito sporgente
Incastro del ginocchio!
strapiombo della morte!
placca liscia insuperabile!
Blocca sulla spalla!
presa di piede orribile!

Si descrivono con precisione le diverse prese visibili e si inizia a immaginare le possibili sequenze per raggiungerle. Dal basso, è spesso difficile determinare se una presa è buona o meno, o localizzare la presa giusta su una parete molto compatta e scolpita. Pertanto, si dovrebbero elaborare diversi scenari, metodi, già durante questa lettura dettagliata, che verranno poi riorganizzati durante la scalata. Le tracce di magnesite lasciate da precedenti arrampicatori e i segni di usura degli appoggi per i piedi forniscono anche indicazioni da tenere in considerazione. Per ottimizzare questa lettura finale, non esitate a spostarvi alla base della falesia e a cercare diverse angolazioni di osservazione.

N.B. Ad una prima lettura, la guida può fornire preziose informazioni. Il numero di rinvii utili è talvolta indicato. Le foto e i disegni possono rivelare l'esistenza di uno strapiombo, un diedro, una fessura. I nomi dei tiri possono anche essere evocativi: Che Placca, La trappola, L'allungo, Fessura, I deltoidi fumanti, ecc.

> **In breve: leggo sempre il tiro prima di iniziarlo. Parto dall'osservazione generale (percorso, stile delle diverse sezioni, possibili punti di riposo) per arrivare alla lettura dettagliata (prese per le mani, per i piedi, sequenze gestuali) della zona più visibile.**

Esercizio: Prima di scalare su un tiro, leggetelo e commentatelo. Chiedete anche a chi vi fa sicura di farlo. Confrontate le vostre due rispettive letture.

19. Visualizzare!

Costruite il vostro cinema mentale! Proiettate sulla parete la vostra rappresentazione mentale mentre state arrampicando. Visualizzatevi mentre state raggiungendo la cima di quella roccia (nel bouldering) o del tiro (in falesia). Visualizzatevi mentre state collegando, dal basso, ogni sezione. Osservatevi attentamente collegare le prese che avete identificato nella prima lettura con movimenti agili ed eleganti.

Per andare un po' più in là, si possono distinguere due tipi di visualizzazione: la visualizzazione esterna o dissociata e la visualizzazione soggettiva o associata.

- La prima ti invita a osservarti dall'esterno e a vederti arrampicare come se fossi uno spettatore di te stesso.

- La seconda, la visualizzazione soggettiva o associata, assume un punto di vista in prima persona. Sei sulla roccia e vedi la via, le prese, attraverso gli occhi di questa tua proiezione.

Entrambe funzionano, forse una ti si adatterà meglio dell'altra a seconda della situazione!

20. Ritmo e riorganizzazione durante l'arrampicata!

Il consiglio attuale riprende il numero 18, ma dal punto di vista pratico, durante l'azione, cioè durante l'arrampicata reale!

Hai identificato, attraverso la tua prima lettura, le sezioni facili, le sezioni difficili e, eventualmente, localizzato il passaggio chiave- il passaggio difficile della via. È possibile che tu abbia ragione. È anche possibile che tu ti sia leggermente - o completamente - sbagliato. Nella «realtà», dovrai quindi adattare le tue proiezioni e quindi il tuo ritmo alle informazioni raccolte durante la scalata. Cioè, rivedere i posizionamenti e i movimenti da eseguire e adattare il tuo ritmo di arrampicata. Spesso, e questa è la ragione per cui voglio sottolineare questo punto, gli arrampicatori tendono a rallentare il loro ritmo, o addirittura a «bloccarsi», quando la situazione si complica. Tuttavia, è necessario fare esattamente il contrario: se le cose si complicano, avanzare, avanzare ancora e ancora!

Esercizio: In una via del tuo livello, applica un ritmo diverso alle sezioni facili e alle sezioni difficili. Quindi, scegli una via del tuo massimo livello e applica questo principio del ritmo!

21. Sovrapponi esperienze e visualizzazioni

Più ti eserciti a memorizzare mentalmente le tue esperienze e a sovrapporle alle tue proiezioni iniziali, più acquisirai una percezione corporea precisa di te stesso (delle tue differenze di braccia e gambe, ecc.). E questa migliore percezione di te stesso porterà a un circolo virtuoso di proiezioni migliori, da cui deriverà una ancora migliore propriocezione. In altre parole, conoscere bene la tua statura, le tue capacità gestuali - fino a dove riesco a sollevare la gamba? Sarò abbastanza alto per afferrare quella presa? E così via - ti permetterà di affinare le tue proiezioni.

Più la proiezione che hai concepito mentalmente corrisponderà, durante la tua scalata, alla «realtà», più avrai fiducia e ti scalderai con serenità.

Leggi, visualizza, arrampica e incrocia la realtà con le tue proiezioni. Le quattro componenti sono inseparabili. Godersi ciascuna di queste tre fasi è garanzia di miglioramenti certi. Concludo con le parole di Adam Ondra[8]:

«Più visualizzi, più integrerai i movimenti e più la via sembrerà facile. Puoi provarci venti volte «nel mondo reale» e duecento volte nella tua mente e otterrai gli stessi risultati se avrai lavorato e interiorizzato il tiro - come se l'avessi provata realmente cinquanta volte. Però così risparmierai pelle, tempo e i tuoi compagni d'arrampicata.»

---

8   Intervista per Climbing Magazine, novembre 2017.

In breve: faccio una lettura dal basso, visualizzo i passaggi e la gestualità da utilizzare, arrampico e adatto il mio ritmo e i miei movimenti alla realtà. Una volta tornato a terra, sovrappongo le mie proiezioni precedenti all'esperienza di questa ultima salita.

Esercizio: Prova a utilizzare entrambe le forme di visualizzazione per vedere quale ti si adatta meglio in diverse situazioni.

22. Quando diventa complicato, scappa!

Evochiamo qui l'immagine della clessidra. Quando ti trovi bloccato su un passaggio difficile, la clessidra si gira. Il tempo (la tua capacità di mantenere le prese) è limitato. Più ritardi la tua decisione, «devo andare avanti, non c'è una presa migliore per continuare?», più riduci le tue possibilità di riuscita nel tiro. Quindi, quando la clessidra è girata, devi scegliere tra avanzare nella via e rischiare di riuscire, oppure restare bloccato sul posto e cedere!

Inizialmente, come abbiamo già accennato, può sembrare controintuitivo. Quando le tue dita iniziano a staccarsi, non cercare di bloccarti nel crux[9] alla ricerca di una presa migliore, prendi ciò che c'è e forzati di credere che terrà. Sì, vai con quello che hai in mano, anche se non è eccezionale. Più in alto, potresti trovare una presa salvifica. In ogni caso, sarai un po' più vicino alla cima!

Cercheremo quindi di essere efficienti nel prendere decisioni: eseguire il movimento successivo senza esitare per ore (o nemmeno per secondi!), rinviare immediatamente nonostante la stanchezza, invece di rimanere bloccati come un salame fino a cadere.

> **In breve: in un passaggio difficile, non rallento, non mi fermo, vado avanti, anche se le prese non sono buone!**

Esercizio: In una via del tuo massimo livello o leggermente inferiore, convinciti prima di iniziare a scalare, a reagire con la «fuga in avanti» piuttosto che all'inibizione dell'azione. Fai diventare questa la tua modalità di reazione!

---

9   Etimologia. (1718) Correlato a «cross», dal latino «crux», dall'espressione «crux interpretum», che significa «passaggio difficile da interpretare». Si può notare una somiglianza con la parola «cruciale» nel senso di «decisivo». Riuscire nel «crux» spesso significa riuscire nella via, poiché il resto sarà più semplice.

23. Non siamo vele!

Il principiante si troverà presto a dover affrontare - non appena la parete diventa verticale o leggermente strapiombante - un fenomeno chiamato, nel gergo dell'arrampicata, «lateralizzazione» o «sbandierare».

Quando si parla di sbandierare, si fa riferimento al fatto di ruotare su un asse come la cerniera di una porta sui cardini. L'abbiamo già menzionato in relazione al poligono di sostentamento (p. 30): dovrai evitare di avere due punti di appoggio principali sullo stesso lato, lontani dal tuo centro di gravità. Altrimenti, il tuo piede e la tua mano sullo stesso lato agiscono come un palo e il tuo corpo come la bandiera.

Se le prese disponibili (non sempre hai scelta...) ti obbligano comunque a questa posizione, hai diverse soluzioni per contrastare questa instabilità:

- **Trovare una presa dall'altro lato per riequilibrarti** (questo, ovviamente, se hai effettivamente scelta...)

- **Avvicinare il tuo corpo - più precisamente il tuo centro di gravità - ai punti di appoggio.**

- **Utilizzare la tecnica chiamata «drapeau» (bandiera):** la gamba dal lato precario (senza appoggio) viene estesa orizzontalmente dietro di te. In questo modo, ricentri il tuo centro di gravità allineandolo con la «linea d'azione» e impedisci al tuo corpo di ruotare attorno a un asse fisso. La stabilità acquisita dovrebbe consentirti di rilasciare una mano per cercare una nuova presa.

In breve: Se trovo un passaggio in cui piede e mano sono allineati sullo stesso lato, riporto il mio centro di gravità in linea con i punti di appoggio principali o uso la tecnica della bandiera per liberare la mano dal lato opposto.

Esercizio: Per sentire l'equilibrio, immagina quale squilibrio sarà causato dal ritiro di uno dei tuoi punti di appoggio. Correggi la posizione di conseguenza. Prova sui traversi o sui pannelli le diverse posizioni di "bandiera" e di equilibrio possibili.

24. Arrampicata più dinamica (e più fluida)!

In generale, i principianti tendono a scalare in modo più statico. Questo approccio alla roccia, assicurando ogni movimento, è rassicurante ma spesso troppo dispendioso in termini di energia. L'arrampicata statica consiste nel bloccare ogni movimento, quindi trasferire tutte le forze per mantenere l'equilibrio sugli altri appoggi per liberare un piede o una mano e raggiungere la prossima presa. Spesso, il principiante tergiverserà a lungo prima di decidere quale presa sia «la migliore delle migliori» nel «raggio d'azione» della mano o del piede libero. Questo rende ogni passo molto lento e l'arrampicata sembra piuttosto «camaleontica» (per chi conosce l'approccio dei camaleonti!). Sebbene questo metodo sia particolarmente rassicurante perché offre una sensazione di stabilità, è molto esigente in termini di energia. Bloccando di più, devi sforzarti di più e rimanere più a lungo su ogni presa per stringerla «inutilmente».

L'arrampicata dinamica è più fluida, meno spezzettata, si sfruttano impulsi e slanci per afferrare la prossima presa per le mani mano o per i piedi. Si gioca con gli equilibri e gli squilibri creati, sfruttandoli a proprio vantaggio. Questo tipo di arrampicata è meno dispendioso in termini di energia perché sfrutta gli impulsi, le forze di attrazione e i movimenti oscillanti invece di tirare e bloccare. Tuttavia, può essere più aleatoria, il che solitamente spaventa i principianti. In questo «slancio di squilibrio», si può rischiare di cadere su una presa «sbagliata» che non tiene (o meglio, che non teniamo!). L'arrampicata dinamica richiede movimenti continui. Si tratta di collegare i movimenti, posizionare la mano su una presa, trasferire il peso su di essa e, senza fermarsi, cercare subito la prossima presa. L'obiettivo è mantenere il corpo in movimento e ridurre il tempo di contatto con ciascuna presa.

Vantaggio: L'arrampicata dinamica spesso consente movimenti più allungati rispetto a quelli permessi dall'arrampicata statica. Puoi effettuare una sospensione su una presa migliore o raggiungere direttamente una buona presa anziché passare in modo statico per diverse prese intermedie pessime. L'arrampicata dinamica non è solo più fluida, ma consuma anche meno energia, il che è un vantaggio significativo in una via lunga o quando le prese sono scarse, e non hai il lusso di prenderti tutto il tempo per afferrare le prese nel modo più preciso possibile.

Sfida: La gestione del «momento zero» o del «momentum», il momento in cui si raggiunge l'istante T alla fine di un'oscillazione, il momento che consente di minimizzare lo sforzo per afferrare la prossima presa, può essere difficile da padroneggiare. L'ideale è afferrare e tenere la presa nel punto più alto dell'oscillazione dell'impulso, prima che il peso del corpo subisca l'attrazione della gravità.

Si nota che i grandi scalatori, penso in particolare ad Adam Ondra, grande in statura e in bravura, tendono a scalare in modo più dinamico quando il profilo lo consente. Quindi, l'idea non è di aderire a una sola scuola ma di alternarle per massimizzare il risparmio di energia e rendere la tua arrampicata più fluida.

> **In sintesi: adotto uno stile di arrampicata più dinamico. Mi sposto più rapidamente da presa a presa, evitando di passare troppo tempo a cercare la presa perfetta.**

Esercizio: In un tiro del tuo livello, cerca di arrampicare in modo più dinamico, collegando i movimenti senza fermarti. Fai attenzione al tuo consumo di energia rispetto a un'ascensione più statica.

25. Un' arrampicata rilassata!

Cosa significa un'arrampicata rilassata? Semplicemente arrampicare coinvolgendo solo i muscoli e i gruppi muscolari strettamente necessari per eseguire i movimenti. In uno stato di relativa rilassatezza, quindi. Senza sforzare più del necessario e senza stringere troppo le prese. Senza preoccuparsi eccessivamente di ciò che accadrà: le prese che si incontreranno, ecc.

Questo stato di rilassatezza consente un notevole risparmio di energia che può fare la differenza. Avrai più forza per i passaggi veramente difficili.

26. La testa è fondamentale, così come arrampicare da primi[10]!

Sforzati di scalare da primo. Ricordiamolo qui, una via, o un tiro, è considerata completata, nell'ottica dell'arrampicata libera, solo quando è stata salita da primi e senza «bloccami» durante l'ascensione. L'approccio a una via è inevitabilmente diverso se si scala da primi o in top rope. Scalare da primo ti aiuterà a migliorare nella lettura della via, a trovare equilibri più sottili, a determinare con più precisione il ritmo giusto e a sviluppare le tue capacità di impegno. L'eventualità di una caduta migliora anche la concentrazione! Il top rope è troppo spesso una soluzione di comodo che, dal punto di vista mentale e nella lettura della via, non aggiunge nulla. Inoltre, se riesci a salire una via in top rope, è chiaro che puoi farlo anche da primo. La solita liturgia del «da primo avrei troppa paura, non ce la farei» sottolinea solo la necessità di migliorare la gestione dello stress e della mente. Tra il fallimento e il successo, a volte manca solo un po' di fiducia in sé stessi e determinazione.

In breve: Scalo da primo il più possibile o mi impongo di fare almeno un tiro da primo ad ogni uscita.

---

10   Proviene dall'alpinismo «scalare da primo». L'arrampicatore si assicura man mano che progredisce nella via agganciando i rinvii (o chiodi) che posiziona lui stesso.

27. 'A vista', la quintessenza dell'arrampicata

È un'affermazione un po' perentoria! E me ne assumo la responsabilità! 'A vista' racchiude tutta l'essenza dell'arrampicata sportiva. Ricordiamo cosa significa 'a vista'. È il fatto di impegnarsi in un tiro da primo senza alcuna conoscenza di essa oltre alla prima lettura fatta dalla base. Si distingue 'a vista' dal 'flash' e dal 'lavorata'. Il 'flash' consiste nel lanciarsi in una via dopo aver osservato un altro arrampicatore e/o aver raccolto informazioni sulle «tecniche» relative alla via. Il 'lavorata' consiste nel provare una via dopo aver «registrato» tutti i passaggi e le tecniche in anticipo.

'A vista' è quindi essenziale nel senso che rappresenta l'arrampicata nella sua forma più completa e pura di impegno. Richiede al climber di concentrarsi sulla lettura e poi «creare», «inventare» i movimenti che saranno necessari per superare una sezione senza avere un modello preesistente. Il tiro 'a vista' consente al climber di valutare veramente il suo livello reale, integrando fortemente la componente «mentale» ed accumulando esperienza. L'aspetto estremo dell'arrampicata 'a vista', nel senso che è possibile avere solo un tentativo «a vista» su un dato tiro, conferisce all'esercizio (o meglio, al gioco) una dimensione quasi mistica.

Salire chilometri di arrampicata da primi e 'a vista' è il modo più sicuro per migliorare!

Nel marzo 2013, il tedesco Alex Megos è diventato il primo arrampicatore a salire una via di grado 9a 'a vista', con *Estado Critico* a Siurana. Adam Ondra lo ha seguito poco dopo, nel luglio 2013, con *La Cabane du Canada* a Rawyl in Svizzera; tuttavia, la via è stata successivamente declassata a 8c+. Nel maggio 2014, Adam Ondra ha scalato *Il Domani* a Baltozla in Spagna, il suo primo vero 9a 'a vista'. Il climber ceco ha ora all'attivo tre 9a 'a vista', tra cui *TCT* a Gravere in Italia e *Water World* in Slovenia.

E voi, qual è la vostra migliore salita 'a vista'?

28. L'arrampicata in rosso e giallo

Storicamente, «ingiallire»[11] un passaggio significava scalare liberamente una via originariamente salita in «artificiale».

In arrampicata artificiale, il climber si aiuta con vari dispositivi (pugni, staffe, pedali, scale, ecc.) e con ancoraggi temporanei o permanenti che installa nella via (chiodi, spit, corde, ecc.) per salire e, eventualmente, issarsi. «Ingiallire» una sezione o «liberarla» significa scalarla senza utilizzare i punti di ancoraggio, senza «tirare sul chiodo». I tedeschi usano più spesso il termine «punto rosso» (in tedesco: Rotpunkt). Infatti, in Germania, Kurt Albert ha sviluppato il principio del «rotpunkt»: si cerchiano in rosso i tiri in cui tutti i movimenti sono stati fatti in arrampicata libera e, quando si arriva in catena, si riempie il cerchio per trasformarlo in un punto rosso. Il punto rosso indica agli altri climber che questa salita è possibile in arrampicata libera. «Ingiallire», «fissare» o «fare il segno» sono tutte espressioni che significano la stessa cosa! Per una piccola curiosità, «fare il Rotpunkt» significava esattamente scalare la via in arrampicata libera con l'uso di rinvii. Oggi, la maggior parte delle ascensioni difficili sarebbe più appropriatamente definita «punto rosa» secondo le regole dell'etica di Kurt Albert, poiché i moschettoni vengono generalmente posizionati in anticipo e le tecniche vengono studiate in anticipo. Ma chi potrebbe immaginare di scalare una via di 9b con 25 moschettoni appesi all'imbracatura, e di attaccarli al muro quando è già quasi impossibile aggrapparsi alle prese?

Perché menzionare la storia dell'arrampicata sportiva qui? Per sottolineare che quando si parla di arrampicata oggi, si sta implicitamente parlando di arrampicata libera. Un tipo di arrampicata in cui l'attrezzatura non viene utilizzata per issarsi.

Cerchiamo di scalare senza concentrarci troppo sull'attrezzatura già presente o sulla messa in sicurezza con il rinvio nel prossi-

---

11   All'inizio dell'arrampicata libera, negli anni '60, un arrampicatore di nome Claude Barbier dipingeva un cerchio giallo alla base delle vie che aveva scalato in stile libero, cioè senza «tirare il chiodo».

mo spit, ma piuttosto di considerare la via come uno spartito musicale e di ballare al ritmo di essa! I chiodi o gli spit in loco non sono lì per dettare il ritmo dell'arrampicata, sono le prese e la loro distribuzione sulla via che fanno la musica. Wolfgang Gullich, «l'inventore» del 9° grado con *Aktion Direkt* nel 1991, diceva saggiamente: «L'arrampicata è una danza tra il climber e la parete». Affermazione poi ripresa da Patrick Edlinger, che affermava: «L'arrampicata è un'espressione corporea come la danza. Solo che la coreografia è dettata dalle prese. È l'Opera Verticale». In quest'ottica, cercheremo di trovare i movimenti giusti per la via e le posizioni che consentono di assicurarsi con il minimo sforzo, invece di cercare posizioni «forzate» che permettano di rinviare il prima possibile[12]. I punti di ancoraggio non fanno la musica! Assicurarsi non deve diventare l'obiettivo principale o la focalizzazione del tiro; lo spit è semplicemente lì per garantire la sicurezza del climber. La libertà è anche una mentalità, non tirare sui rinvii, né fisicamente né mentalmente! Chi ha chiodato non ha piazzato lo spit a caso (almeno nella maggior parte dei casi!). Ha scelto deliberatamente quel punto perché esiste un'impugnatura o una posizione meno impegnativa nelle vicinanze dell'ancoraggio! Quando fate un tiro in arrampicata libera, non state giocando a «unisci i punti», quel gioco per bambini in cui bisogna collegare i punti in ordine per far apparire un disegno. Siete liberi. Pensate in modo libero. Scalate liberamente!

---

12   Anche se ci si sente più sicuri una volta che la corda è passata nel moschettone, quando ci si assicura molto lontano sotto il punto di ancoraggio, spesso è molto più pericoloso - a causa dell'eccesso di corda che ne deriva - che assicurarsi al livello dello spit o appena sopra.

29. Il cervello è soprattutto memoria

Memorizza! La sequenza, le posizioni, ma anche l'intensità richiesta per ogni movimento.

Ciò che rende unici gli esseri viventi con un sistema nervoso è la loro capacità di «incorporare»[13] nella loro memoria profonda la traccia delle esperienze vissute.

La realizzazione di una via è un'esperienza. Ne consegue una traccia che ti aiuterà durante la ripetizione dell'itinerario (ma anche per affrontare altri itinerari, come vedremo). La traccia sarà tanto più evidente e «accessibile» quanto più ti sforzi di memorizzarla. Avrai in memoria i movimenti, le sequenze, le combinazioni; e questa «impronta» faciliterà - attraverso l'attivazione dei circuiti neuronali - la mobilitazione dei gruppi muscolari e dei tessuti coinvolti nelle sequenze considerate. Potremmo chiamarla la memoria del corpo!

Pertanto, la memorizzazione è un punto essenziale da lavorare, sia per progredire in una data via che per affrontarla «a vista»: poiché qualsiasi esperienza memorizzata potrebbe rivelarsi simile o identica in un'altra via. In breve: Non memorizzo solo le prese. Memorizzo le sequenze, le posizioni, gli equilibri, le sensazioni emotive, il livello di fatica sperimentato e l'intensità richiesta per ogni movimento. La traccia!

Esercizio 1: Prova qualsiasi via di difficoltà media o massima. Torna a terra dopo aver raggiunto la catena. Sforzati di memorizzare tutto ciò di cui abbiamo parlato in precedenza. Alcune ore più tardi, cerca di rifare mentalmente l'intera via. Ripeti questo esercizio di memorizzazione nel lungo periodo: alcuni giorni dopo, alcune settimane dopo... All'inizio, l'esercizio può essere difficile, quindi

---

13   In neurofisiologia, l'engramma è la traccia della memoria lasciata nel cervello a seguito di un evento passato o di un'esperienza vissuta e che potrebbe essere riattivata da una stimolazione appropriata.

cerca di memorizzare solo alcuni movimenti per iniziare.

Esercizio 2: Ripeti mentalmente, prima di addormentarti, una via o un progetto che ti sta a cuore. Non emozionarti troppo, devi dormire un po'!

30. La migliore preparazione fisica: scalare, scalare, scalare!

La migliore scuola quando si inizia o si riprende l'arrampicata è "fare volume". Solo successivamente si svilupperà la forza e la resistenza.

Cosa significa chiaramente fare volume? Significa scalare in quantità, "a cottimo"! Percorrere chilometri di parete! Per farlo, è importante scalare a bassa o media intensità. Devi essere in grado di concatenare molti tiri, quindi scegli lunghezze con un livello inferiore rispetto al tuo massimo. Questo volume di cui parliamo ha molti vantaggi. Ti permetterà di sviluppare e consolidare la tua tecnica e le tue abilità. Ti darà anche una base fisica, un livello di preparazione fisica generale. Gli studi concordano generalmente su una durata di almeno 3 settimane da dedicare al volume. Sarà opportuno accompagnare questo allenamento di base in arrampicata con una pratica sportiva di tipo aerobico (corsa, escursionismo con dislivello significativo, ciclismo, nuoto, ecc.) per lavorare sulla tua resistenza cardiovascolare e sulla capacità di ossigenazione (ne parleremo più avanti).

Solo in un secondo momento ci si concentrerà sullo sviluppo della forza e della resistenza (argomenti che tratteremo nei capitoli successivi), necessari per un miglioramento significativo.

Ci sono due scuole di pensiero a riguardo:

- **Alcuni consigliano di concentrarsi su un aspetto per una o più settimane**. Ad esempio, una settimana dedicata alla forza, la settimana successiva dedicata alla resistenza.

- **Altri ritengono altrettanto valido lavorare su tutti gli aspetti contemporaneamente durante lo stesso periodo o persino durante la stessa sessione.**

In un contesto di arrampicata per il piacere, ti consiglio di scegliere ciò che ti sembra più adatto a te. Personalmente, preferisco variare durante la stessa settimana. Organizzo il mio allenamento - anche se il termine «allenamento» è un po' eccessivo! - basandomi su mini-cicli settimanali. Dopo un periodo di «preparazione» in cui faccio volume (scalando molti tiri di 6a e 6b nel mio caso), alterno in seguito diverse attività nella stessa settimana: boulder (per sviluppare la forza), tentativi su lunghezze più difficili (6b+, 6c) orientate alla resistenza e ancora volume in alcune sessioni. Mantengo anche una certa flessibilità per arrampicare per puro divertimento senza alcun obiettivo. Dopo alcune settimane, mi avvicino ai tiri di 6c, 6c+ e 7a.

Ora concentriamoci sui diversi tipi di sforzo che sono la forza, la resistenza e la continuità.

Sistemi energetici

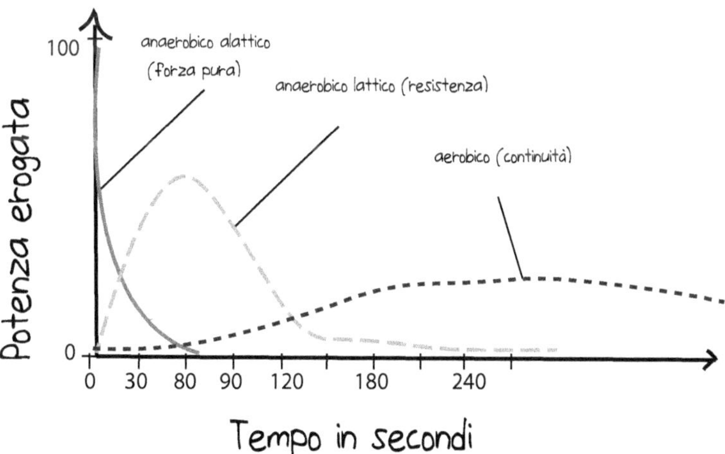

31. Sviluppare la pura forza!

È paradossale parlare dello sviluppo della pura forza quando abbiamo ripetuto più volte che semplicemente arrampicare, senza un allenamento fisico specifico aggiuntivo, è sufficiente per raggiungere il 7a. È vero! Tuttavia, alcuni tiri di 6c+ / 7a richiedono una certa quantità di pura forza (e ancor di più quelli in stile «boulder»!)! I muscoli della parte superiore del corpo sono quelli più coinvolti: flessori ed estensori delle dita, bicipiti, tricipiti, deltoidi, muscoli delle spalle e della schiena (trapezi...), ecc.

Se non hai questa base di pura forza, non riuscirai a superare il passaggio. «La potenza è una questione di qualità», afferma Jerry Moffat! La buona notizia è che è possibile acquisire questa forza arrampicando invece di allenarsi su una trave o un pan Gullich. La pratica del bouldering (in palestra o all'aperto), in aggiunta alla tua pratica abituale in falesia o in palestra, ti permetterà di sviluppare rapidamente la tua forza. A titolo indicativo, notate che i movimenti di boulder di grado 6a / 6b corrispondono approssimativamente al passaggio «boulder» che potresti incontrare in una via 7a in falesia.

In breve, cos'è la pura forza e come si sviluppa concretamente? Più lo sforzo è breve e di intensità massima, più è legato alla pura forza[14]! In altre parole, aumenterai la tua forza dedicando brevi sessioni a blocchi di massima difficoltà. Massima difficoltà significa un blocco che stai davvero lottando per completare e in cui non puoi stare sospeso per più di pochi secondi! Se riesci a superare il blocco al primo tentativo o se riesci a rimanere appeso per un minuto, non funziona!

Oltre allo sviluppo della pura forza, la pratica del boulder è eccellente per lavorare sulla varietà dei movimenti, sulle capacità di decifrare passaggi difficili, sulle capacità di visualizzazione e

---

14   Il sistema ATP-CP (anaerobico alattacido) utilizza le riserve di adenosina trifosfato e fosfato di creatina intramuscolari. Questo sistema è in grado di fornire una grande quantità di energia, ma solo per un breve periodo (ad esempio: uno sprint di 8-10 secondi). Fonte: physio-velo.com

di coinvolgimento. Inoltre, si può facilmente misurare, nel bouldering, la forza di volontà (vedi consiglio 53!).

> **In breve: per allenare la pura forza, arrampico su 4-8 blocchi ad alta intensità.**

Esercizio: inizia con un riscaldamento approfondito, dedicando almeno 15 minuti a vie facili. Aumenta quindi gradualmente l'intensità dell'allenamento fino a raggiungere il tuo massimo livello. Quindi concentra il tuo sforzo su 4-8 blocchi di difficoltà massima per te!

Attenzione: per poter sfruttare appieno il tuo potenziale di forza, è necessario un completo recupero tra i tentativi. A volte è difficile percepire l'affaticamento perché lo sforzo di pura forza, anaerobico alattacido, non provoca l'accumulo di acido lattico. Calcola 3-5 minuti di pausa tra ciascun tentativo di forza massima per un completo recupero. Tuttavia, recupererai oltre l'80% delle tue capacità in un minuto. Quindi puoi fare serie di più tentativi (ad esempio 4 o 5) con un minuto di recupero tra ciascun tentativo e un completo recupero di 5 minuti tra le serie. Batti i piedi nell'attesa? È normale. Ma se non rispetti questi periodi di riposo, non avrai ripristinato completamente le tue forze e non stai più allenando la forza pura, ma altri ambiti!

N. B. È una buona idea iniziare con una sessione di un'ora di boulder per sviluppare la potenza. Poi, se lo desideri, concentrati su traversi per migliorare la tua resistenza o continuità. Fare il contrario sarebbe inefficace, poiché affaticherebbe i tuoi muscoli prima ancora di lavorare sulla pura forza, e potresti anche farti male.

32. Sviluppare la resistenza

Per quanto riguarda la resistenza, potremmo definirla come una «resistenza della forza». È la capacità di concatenare movimenti che sollecitano al massimo o quasi le fibre muscolari. Quindi è una sollecitazione ad alta o molto alta intensità che si ripete su più movimenti o per un certo periodo di tempo, compreso tra 15 secondi e 3 minuti. Questo tipo di sforzo può essere riscontrato in un "crux" che comprende più di cinque movimenti, ad esempio. Lo sforzo di resistenza caratterizza in particolare l'arrampicata su blocchi o su tiri corti.

I muscoli funzionano quindi in anaerobiosi lattacido[15]: il carburante utilizzato dai nostri muscoli è il glicogeno (zuccheri, per semplificare), e la reazione produce acido lattico. Aumentare la resistenza significa quindi aumentare la capacità di arrampicare con gli avambracci che si irrigidiscono!

Esercizio 1: arrampicate al vostro massimo livello o appena sotto e non fermatevi nella via (niente riposo!)

Esercizio 2: Per sviluppare la vostra resistenza, provate "l'interval training"! Scegliete tiri molto brevi (ideali sarebbero dei blocchi) di arrampicata molto intensa, leggermente al di sotto del vostro massimo, e alternate tra fasi intense di scalata (tentativi) **e fasi di recupero incompleto.** Ripetete l'esercizio sotto forma di serie. Ad esempio, 4 blocchi piuttosto difficili che riesci comunque a completare. Collega i 4 di seguito, riposati per lo stesso tempo necessario per la salita e ripeti la serie di quattro blocchi quattro

---

15   Il sistema glicogenico (anaerobico lattacido), invece, utilizza le riserve di glicogeno intramuscolare ed epatico (fegato) per produrre l'ATP. Questo sistema è in grado di fornire una grande quantità di energia (anche se inferiore al sistema ATP-CP) per un periodo che può arrivare a circa 2 minuti. Il processo di degradazione del glicogeno in ATP è chiamato glicolisi anaerobica, poiché avviene senza l'uso di ossigeno.
La glicolisi anaerobica dipende dalle riserve di glicogeno immagazzinate nell'organismo dell'atleta. Il prodotto di degradazione di questo sistema, il piruvato, viene convertito in acido lattico quando il lavoro richiesto è intenso e prolungato. Il raggiungimento della soglia anaerobica con questo sistema può causare una sensazione di disagio e bruciore nel muscolo (NDR: «la ghisa»!). Fonte: physio-velo.com

volte!

È importante effettuare un riscaldamento completo prima di lavorare sulla resistenza e non farlo alla fine della sessione altrimenti rischi di farti male.

33. Sviluppare la continuità

La «continuità» corrisponde a uno sforzo di bassa o media intensità che dura a lungo. Lo sforzo di continuità caratterizza quindi l'arrampicata su vie lunghe (oltre 50 movimenti) in cui il tempo di arrampicata varia da due a cinque minuti, o anche di più.

Cosa significa la continuità dal punto di vista fisiologico? Quando lo sforzo dura più di due minuti, i muscoli passano a un funzionamento aerobico, a differenza degli sforzi di pura forza e resistenza le cui fonti energetiche sono anaerobiche (senza consumo di ossigeno). In teoria, l'attività aerobica è normalmente alattacida, cioè non produce acido lattico. Tuttavia, hai già avuto l'esperienza di arrivare in cima con le braccia distrutte in una via di resistenza? È normale. Ed è qui che tocchiamo una piccola sottigliezza di questa «attività dell'ossigeno». In realtà, l'attività è alattacida fino a quando lo sforzo che richiedi al tuo corpo è al di sotto di una certa soglia chiamata VO2 max (o soglia anaerobica)!

Il VO2max indica il massimo flusso d'ossigeno che un determinato organismo è in grado di assorbire per soddisfare le sue esigenze durante uno sforzo di lunga durata. L'immagine spesso suggerita è quella della cilindrata di un veicolo. Se superi la soglia tra la produzione di lattato e l'eliminazione da parte dell'organismo attraverso l'ossigeno, la «ghisa» non è lontana! Più alto è il VO2 max, più lo sportivo è in grado di mantenere uno sforzo abbastanza intenso nel tempo.

Gli studi mostrano che l'organismo supera la soglia anaerobica ben prima del 100% di VO2max, ma piuttosto tra il 50% e l'85%. Quindi, per durare in una via, cercheremo - per quanto possibile - di lavorare al di sotto di questa soglia e, contemporaneamente, di aumentare il nostro VO2max tramite un'attività complementare all'arrampicata. È infatti possibile aumentare le proprie capacità attraverso un lavoro di base: corsa, ciclismo, nuoto, escursionismo con forte dislivello, ecc.

Avere una buona continuità significa quindi essere in grado di ritardare l'insorgenza dell'acido lattico - la «ghisa» - ed eliminarlo il più rapidamente possibile, o riciclarlo per produrre nuovamente carburante[16].

Non c'è modo migliore per sviluppare la continuità che arrampicare! Ottima notizia, vero? Arrampicare fino all'esaurimento in una via omogenea rimane uno dei modi migliori per aumentare la tua continuità. E idealmente dovresti ripetere questo esaurimento più volte di seguito con riposi parziali (incompleti) tra le ascese (ad esempio, un riposo uguale al tempo di arrampicata o alla metà di questo tempo). Dovresti finire con le braccia stanche, incapace di tenere qualsiasi presa. In generale, qualsiasi grande volume di arrampicata ti permetterà di migliorare la continuità. Sia che si tratti di ripetere un blocco decine di volte, di un circuito di blocchi o di salire una via molto lunga.

Inoltre, il lavoro sulla continuità può darti una migliore percezione delle sezioni difficili di una via - dove è difficile tenere le prese! - e mettere in evidenza l'importanza di ritmare queste sezioni in base all'intensità delle stesse. Quindi migliorerai sia fisicamente che tecnicamente nel tuo approccio.

Esercizio: Assolutamente tutto sarà utile per sviluppare la continuità purché ci sia una grande quantità di arrampicata. A tua scelta, puoi fare ripetizioni (loop) o salite infinite. L'unica regola da seguire è la seguente: niente riposo durante la fase di arrampicata, si va avanti. Quindi puoi salire e scendere una via lunga e omogenea, ma senza fare pause. Se non hai una via lunga a disposizione, scegli una via di continuità - cioè di difficoltà omogenea e intensità media - e ripetila il più possibile senza riposo, fino alla caduta. L'ideale è quindi essere in top-rope e, una volta in cima, farsi calare rapidamente dal proprio assicuratore e ripartire nella via appena si è a terra. Puoi concatenare blocchi in quantità, fare circuiti su pan o loop (da 50 a 60 movimenti) a un livello appena

---

16   L'acido lattico è o evacuato «consumato» per ossidazione, o riciclato dal fegato che produce glucosio.

sotto il tuo massimo, senza riposarti troppo tra un blocco e l'altro. E puoi persino tentare uno dei tuoi progetti, riposarti abbastanza e riprovarlo, fino a quando non sei assolutamente incapace di fare i primi 3 movimenti della via. Di nuovo, non c'è segreto, tutto è buono! Riempiti di arrampicata!

Piccolo intermezzo sulle «ghise»: il nostro corpo produce acido lattico, ma è anche in grado di eliminarlo, se non addirittura di riciclarlo. Basta rilassare i muscoli affinché il sangue circoli nuovamente ed elimini l'acido lattico. Per favorire il recupero, «stenderemo» bene le braccia in modo rilassato.

Pura Forza : Sforzi brevi e di intensità massima, i muscoli funzionano in modo anaerobico alattacido.

Resistenza : Sforzi di intensità alta o molto alta su più movimenti o per un periodo di tempo tra i 15 secondi e i 3 minuti, i muscoli funzionano in modo anaerobico lattacido.

Continuità : Sforzi di bassa o media intensità che durano a lungo, i muscoli passano all'attività aerobica quando lo sforzo dura più di due minuti, ma sotto il VO2 max (soglia anaerobica).

Tabella semplificata delle attività metaboliche e tipi di sforzo[17]:

Tipo de energía	Anaerobica		Aerobica
Fonte energetica	ATP prodotta senza la presenza di O2		ATP prodotta con la presenza di O2
Sistema energetico	Alattico, immediato	Lattico a breve termine	Ossigeno a lungo termine
Nutrienti		Glicogeno, glucosio	Glicogeno, glucosio, lipidi, proteine

---

17   Fonte: http://www.kinesiology101.com, tabella adattata, modificata e completata per l'arrampicata

Nome dato in arrampicata	Forza pura	Resistenza (Resistenza potenza)	Continuità / Endurance
Durata	Funziona immediatamente, ma non a lungo (massimo 10 secondi), poiché consuma le riserve di adenosina trifosfato (ATP) contenute nella cellula muscolare.	Resistenza: mantenere uno sforzo nel tempo. Funziona dai 15 secondi dopo l'inizio dello sforzo per 3 minuti. Resistenza o resistenza a lungo termine di intensità media o breve durata di intensità molto alta	È un sistema che si attiva dopo l'anaerobiosi lattica, quindi se lo sforzo di bassa o media intensità dura (più di 50 movimenti o più di 3 minuti).
Commento	Sviluppa una **grande potenza senza produrre scarti (tipo lattati)**. A volte si parla dell'immagine di un «grande rubinetto con un piccolo serbatoio».	**Consuma molti carboidrati e produce lattati** (responsabili delle «ghise»). Tuttavia, è il sistema più utilizzato nell'arrampicata, perché anche nelle vie dette di continuità, si alternano spesso segmenti in resistenza e riposi parziali o completi.	L'organismo sintetizza l'ATP grazie all'ossigeno e può persino utilizzare i lipidi. **Il sistema non produce acido lattico fino a un certo livello di intensità dello sforzo** (vedi sotto il grafico). A volte si parla di un «grande serbatoio con un piccolo rubinetto», sottinteso: una potenza bassa, ma una grande resistenza.
Tipo di arrampicata	Blocco, passaggio chiave "crux" in una via	Blocco «lungo», crux di vari movimenti, via breve di intensità sostenuta, e persino via lunga, poiché spesso si alternano resistenza e fasi di riposo.	Vie lunghe (più di 50 movimenti) ed omogenee in cui il tempo di arrampicata varia da due a cinque minuti, o anche più. Il sistema rimane alattico fintanto che non si supera il proprio VO2max.*

In sintesi:

- **In uno sforzo breve**, cioè di meno di 10 secondi, il carburante è la fosfocreatina. **Non c'è produzione di acido lattico.**

- **Se questo sforzo supera i 10 secondi, il vostro organismo trasformerà il glicogeno in energia.** Questo tipo di via energetica porta alla **produzione di acido lattico**, le temute «ghise». Si parla di anaerobico lattico.

- **Se lo sforzo è lungo (oltre 80 a 120 secondi) l'attività è aerobica**; l'ossigeno facilita la trasformazione del glicogeno. Se questo sforzo prolungato rimane moderato in intensità, **non c'è produzione di acido lattico**. Invece, se questo sforzo aerobico conosce un'intensità forte, che supera la vostra capacità di ossigenazione detta VO2max, c'è di nuovo produzione di acido lattico! È tuttavia possibile allenare la propria capacità di ossigenazione e quindi aumentare la propria VO2max.

Questo richiamo alle diverse attività energetiche mette in evidenza che si potrà «durare» risparmiandosi.

> **In breve: Forzo meno sulle prese, arrampico più rilassato, adatto il mio ritmo al profilo e gestisco lo stress respirando sempre al meglio, al fine di risparmiarmi e quindi di «durare»!**

34. Approfittare della sovra-compensazione?

Il principio teorico della sovra-compensazione è spesso descritto come il principio fondamentale dell'allenamento! Ma cos'è? La «sovra-compensazione» è il fenomeno che consente all'organismo, dopo aver subito uno stress significativo, di sviluppare una capacità funzionale superiore[18]. In breve, è un meccanismo adattativo che consente, dopo un adeguato periodo di recupero, di generare prestazioni migliori.

Tre fasi sono necessarie per massimizzare questo fenomeno:

1. **Una prima fase di arrampicata in cui l'organismo viene spinto al massimo.** È la fase di «lavoro». L'organismo stressato si trova in una situazione di «debolezza» rispetto allo sforzo richiesto. Durante questa fase, l'organismo può mostrare segni di minori prestazioni, man mano che la fatica si accumula.

2. **In secondo luogo, l'organismo inizia ad adattarsi allo sforzo richiesto:** sei in grado di fare lunghe sessioni di arrampicata e ti senti in forma.

3. **L'ultima fase, la famosa sovra-compensazione!** Riducendo le tue sessioni, consenti all'organismo di eliminare la fatica e allo stesso tempo di beneficiare dei miglioramenti dell'adattamento. Con il corpo che si è ripreso, le tue capacità fisiche sono aumentate!

Il picco di sovra-compensazione si verifica in media dopo 1-10 giorni di riposo. Sfortunatamente, non dura a lungo. Tuttavia, questo fenomeno di sovra-compensazione può essere ripetuto a volontà e quindi accumularsi nel lungo periodo, alternando l'aumento del carico di lavoro e il riposo.

---

18   L'allenamento intensivo può portare ad adattamenti nei muscoli che migliorano la disponibilità di energia, tra cui l'aumento della densità mitocondriale e, nel caso della creatina fosfato, l'aumento della concentrazione di creatina nei muscoli.

Ciò che è importante capire:

Il miglioramento richiede questo processo di sovra-compensazione. E questa sovra-compensazione si verificherà solo con un aumento del carico di lavoro! Per migliorare, è necessaria da una parte la regolarità: il tuo corpo si adatterà solo se arrampichi in modo regolare e dall'altra parte la progressività, cioè un aumento dello stress al quale sottoponi il tuo organismo. Ma, ancora una volta, non si adatterà se lo alleni senza dargli il tempo di recuperare.

Sovra-compensazione = regolarità e progressività + recupero!

In altre parole, se vuoi migliorare, è meglio fare delle sessioni impegnative, quindi dare il tempo al tuo corpo di riposare anziché fare sempre la stessa sessione a lungo termine con la stessa intensità (perché il livello di stress sarà sempre lo stesso e il tuo organismo non avrà modo di adattarsi). Un buon ritmo potrebbe essere, ad esempio: due settimane ad alta intensità, poi una settimana di riposo. Per la regolarità, Charlotte Durrif, campionessa eminente, consiglia di arrampicare almeno 2 volte a settimana e di mantenere almeno questo ritmo.

Ancora più concretamente? Se sei sul 5c o 6a e vuoi arrivare al 6b, se tutte le tue sessioni sono: faccio 5c e poi qualche 6a, avrai difficoltà a raggiungere il livello successivo! Chiaramente. Ma se ti scaldi con il 5c, poi il 6a e poi arrampichi intensamente su alcuni 6b, metti sicuramente le probabilità dalla tua parte. Potresti non riuscire a farli subito nella prima o nella seconda sessione, ma alla sessione successiva, il tuo corpo avrà compensato (senza parlare dei circuiti neurologici che saranno stati stabiliti) e il 6b in questione diventerà quasi facile. Hai capito il processo e puoi ripeterlo per la successiva valutazione, dopo aver confermato il «6b».

N.B. Il miglioramento non è mai lineare. I miglioramenti sono sempre veloci all'inizio, poi, man mano che la difficoltà aumenta, rallentano. Ad esempio, il tempo di conferma del 6c sarà molto più lungo rispetto al 6a. Il tempo di conferma si riferisce alla fase in cui il climber deve confermare il suo livello (completando il massimo numero di vie nella valutazione desiderata per confermare i miglioramenti fisici, le abilità tecniche e l'esperienza) prima di iniziare una nuova progressione verso un grado superiore.

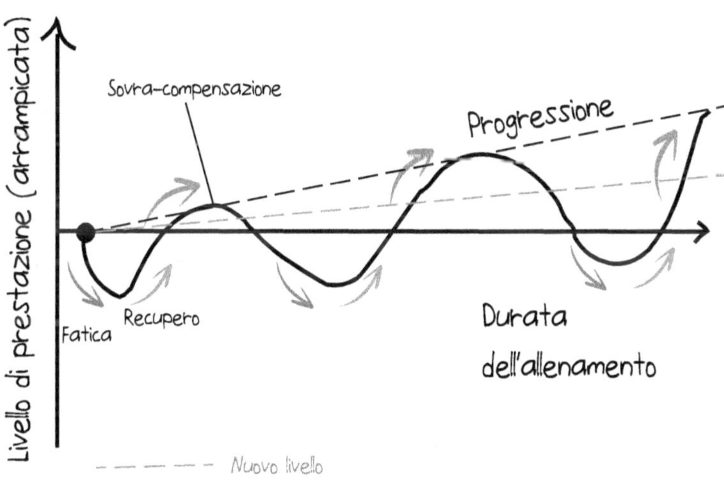

35. Che cos'è una buona sessione?

Prendiamo ad esempio una sessione di arrampicata di 2 ore e mezza.

1. **Un primo riscaldamento completo.** A questo scopo, mobiliterai il collo, le spalle, i gomiti, le dita, la schiena, il bacino, i fianchi, le ginocchia, le caviglie, ecc. Effettuerai movimenti circolari con ogni articolazione. Potresti anche usare delle fasce elastiche per mobilizzare i muscoli delle spalle, la scapola e la zona addominale. Il ruolo principale del riscaldamento è quello di lubrificare le articolazioni, preparare la cartilagine, aumentare la temperatura di ogni muscolo e aumentare la temperatura corporea generale. Concluderai il riscaldamento poi su una via almeno 3-4 livelli al di sotto del tuo livello massimo. Ad esempio, su un 5b o 5c se poi vuoi provare un 6c. Potresti completare il riscaldamento esagerando alcune ampiezze dei movimenti (senza forzare).**Poi alcuni traversi o tiri molto al di sotto del tuo livello massimo** (30-35 minuti).

2. Progressivamente, **aumenterai l'intensità su 2 o 3 tiri fino** a sentirti in pieno possesso delle tue capacità. Quindi, ti sarai ben scaldato, ma senza aver esaurito le tue risorse fisiche. (45 minuti / 1 ora)

3. **Fai diversi tentativi in tiri del tuo livello massimo** (ad esempio, 2 tiri) (45 minuti / 1 ora)Come minimo, ogni sessione dovrebbe includere un tiro del tuo livello massimo, o anche leggermente superiore. Anche l'uso del top rope dovrebbe essere permesso!

4. **Termina con uno o più tiri facili** (15 minuti)

Questa è una sessione a titolo indicativo su un determinato intervallo di tempo, spetta a te adattarla alla tua pratica, alle tue sensazioni e ai tuoi desideri!

36. Secondo i profili

Volevo raggruppare in un unico capitolo, in uno sforzo di sintesi, i vari suggerimenti relativi ai diversi profili e inclinazioni delle pareti.

Placca

Molti tiri di 6c e 7a presentano una tipologia di «placca», cioè una parete verticale relativamente liscia o poco appigliata. È essenziale mantenere il bacino vicino alla parete. Un'apertura delle anche adeguata è un vantaggio innegabile. Alcuni pensano talvolta che si debba arrampicare appiccicati alla parete in una placca, ma è soprattutto necessario essere al di sopra dei propri piedi, come dicono gli anglosassoni, in modo da scaricare il massimo del peso sulle gambe e alleviare così la tensione sulle braccia. Tuttavia, è importante evitare di arrampicare con il busto completamente aderente alla parete (e quindi spesso con i glutei indietro). Perché un busto aderente sbilancia il corpo, riduce il campo visivo e la capacità di leggere la via e trovare buoni appoggi per i piedi, e porta a una distribuzione di peso sui piedi poco efficace (con una spinta verso l'esterno).

Quindi si arrampicherà con il busto ben distaccato, posizionato idealmente sopra i piedi. Cercheremo anche di fare piccoli passi con i piedi piuttosto che grandi passaggi! In questo modo lo sforzo di sollevamento potrà realmente provenire dalle gambe e le braccia dovranno solo mantenere il corpo contro la parete e non tirarlo su. Si penserà al movimento della rana, particolarmente utile in placca per sfruttare la forza delle gambe. Non dimenticheremo di cercare i rovesci, spesso salvifici. E si ricorderà che più i piedi sono alti, migliori sono i rovesci! Le prese comuni in placca sono le tacche piccole. Quindi si considererà, quando ci sono poche prese, di lasciare spazio per cambiare mano o piede. Salire in aderenza permette di raggiungere buoni appoggi per i piedi senza dover sollevare il piede molto in alto in un colpo solo. Per mantenere l'aderenza, è necessario ottimizzare la superficie di gomma a contatto con la parete, la scarpa rivolta verso la parete, ben carica sul dito grosso del piede e sull'intera parte anteriore della scarpa. Il tallone viene quindi tirato verso il basso ed è necessario staccare leggermente il bacino dalla parete. Pertanto, occorre trovare il giusto equilibrio tra l'ottimizzazione della superficie della scarpa e il distacco necessario del bacino, tenendo presente che più si solleva il bacino dalla parete, più si dovranno stringere le prese con le mani per mantenere l'equilibrio. L'equilibrio è quindi sottile! Lo stesso vale per le piccole tacche o le piccole prese lisce. Piuttosto che appoggiarvi solo con un piccolo bordo della suola della scarpa, si cercherà la massima aderenza con la scarpa. Ancora una volta, più c'è gomma a contatto con una buona carica, meglio è! In placca, ci si troverà spesso «bloccati» sulle prese piccole. Da qui l'impellente - sì, sì, impellente! - importanza di essere sempre un passo avanti grazie a una buona lettura della via: idealmente, prevedere sempre i prossimi 5-6 movimenti. E si darà ritmo alla scalata per raggiungere i punti di riposo - se ce ne sono - o almeno per superare rapidamente le sezioni impegnative.

I diedri e i camini

Nei camini e nei diedri, è soprattutto lo sforzo delle gambe su ciascuno dei piani che permette di resistere. Non è raro che le gambe si stanchino in questo tipo di profilo. Si useranno le mani (o il palmo delle mani più precisamente) anche per spingere, sia su un piano orizzontale che verso il basso (pollice rivolto verso il basso). Questa spinta verso il basso consente alla mano di sostituire lo sforzo di spinta di uno dei piedi, per consentire la sua ascesa. In alcuni camini e diedri, si può spingere con le gambe da un lato e con la schiena, i glutei e le mani dall'altro lato per salire «in opposizione». È frequente essere attratti verso l'interno di un camino o di un diedro e infilarsi troppo al suo interno. Il senso di sicurezza è spesso illusorio e si rischia di restare intrappolati, limitati nei movimenti e di dover fare più sforzo sulle braccia, privandosi delle possibilità di opposizione all'esterno del camino o del diedro. Si cercherà quindi di salire all'esterno piuttosto che nell'incavo.

Strapiombo

Tra il 6° e il 7° grado, lo strapiombo è un profilo frequente.

Nello strapiombo, è importante arrampicare, per quanto possibile, con le braccia tese anziché piegate. In questo modo, il bicipite può rilassarsi e mostrare il suo massimo potenziale quando è necessario, ad esempio durante una chiusura obbligatoria del braccio. Si manterranno quindi le braccia tese quando si legge la via, quando ci si riposa, quando ci si riprende, quando si attacca anche! Non serve a nulla chiudere le braccia se non è strettamente necessario! Come abbiamo visto nel capitolo «non siamo delle porte», è importante mantenere equilibri appropriati. Quindi ci si ricorderà che i nostri punti d'appoggio formano un poligono - un triangolo quando si lascia un appoggio per andare a cercare un'altra presa - e che più il centro di questo poligono (o triangolo) è vicino al nostro centro di gravità reale (tra il plesso solare e l'ombelico), più la posizione è equilibrata. Costruiremo, quando dobbiamo raggiungere una presa, equilibri di sostituzione, e cercheremo di allineare il più possibile il nostro centro di gravità nella traiettoria della «linea d'azione». Cioè nella linea di forza formata dai nostri due appoggi principali. Per raggiungere una presa molto lontana che richiede un'estensione completa, non esiteremo a «caricare» il braccio che resta in presa, con il piede opposto in appoggio sulla parete. In questo modo ci si potrà alzare parecchio in un equilibrio relativamente sicuro. Si alternerà il caricamento di una spalla e poi dell'altra, e tra i due movimenti si potrà fare un «cancan» con il piede libero (spalmato) per posizionarlo idealmente. Inoltre, si cercherà di rimanere compatti: niente consuma più energia che essere completamente estesi in uno strapiombo, e spesso, in questa posizione, diventa impossibile individuare le prese dei piedi e andare a cercare una nuova presa con le mani.

In tutti i profili, una buona lettura e una ottimizzazione dei punti di riposo (vedi p. 28) faranno sempre la differenza! Si sfrutterà sempre ogni piccola pausa per anticipare i prossimi 5-6 movimenti!

37. Sviluppare una routine

Una routine di arrampicata, che includa il riscaldamento, la preparazione dell'attrezzatura e l'arrampicata su tiri moderatamente intensi prima di affrontare quelli estremi, è una buona cosa. A volte sarà difficile mantenere questa routine quando si cambia partner o gruppo di arrampicata. Può capitare di incontrare persone molto cariche che vogliono andare dritti al sodo. I peggiori sono quelli che deridono il riscaldamento o la preparazione attraverso tiri tranquille. Dovrete affermare il vostro approccio all'arrampicata. Essere soggetti a scherni e tuffarsi direttamente in tiri difficili per evitare di essere derisi è il modo più sicuro per rimanere lontani dalla roccia, con un tendine del gomito o una spalla infortunata. Più questa routine sarà automatizzata, più sarà facile da mettere in atto e meno costosa in termini di sforzo. Studi di psicologia hanno dimostrato che il cervello ha bisogno di almeno 21 a 30 giorni, ovvero 3-4 settimane di applicazione (più comunemente 2 mesi), perché un'abitudine diventi un automatismo.

In breve: sviluppo una routine che includa il riscaldamento e una progressiva preparazione e mi attengo ad essa.

38. Variare i piaceri (numero 1)

Nell'arrampicata, il miglioramento è strettamente legato alla motivazione. La motivazione si alimenta attraverso il piacere. Quindi il miglioramento è intimamente legato al piacere. L'universo dell'arrampicata è vario nella sua pratica. Quindi assaporate tutte queste varianti: provate il bouldering, tiri lunghi, le vie multipitch, perché no le vie lunghe in montagna. E in queste diverse «pratiche» è possibile variare ulteriormente in base al tipo di arrampicata: stile alpino, vecchia scuola (caminetto, fessura, ecc.), placca, strapiombo leggero, tetto. Provate tiri corti, tiri di continuità, tiri di resistenza, ecc. Il tipo di roccia avrà anche un impatto sulla modalità di arrampicata. Ogni roccia si distingue per la sua aderenza, le prese che offre, ecc. Quindi provate ad arrampicare su granito, gneiss, ardesia, calcare, arenaria, ecc.

Inoltre, più varierete le vostre esperienze, più espanderete la vostra conoscenza e le vostre «competenze». Quindi divertitevi. È ovviamente possibile che alcuni stili o profili vi si adattino meno, ma in ogni caso, diversificare significa progredire, e più siete poliedrici, più ampliate il campo delle vostre possibilità e aumentate la vostra capacità di affrontare nuove situazioni!

In breve: Vario le esperienze cambiando sito, tipo di arrampicata, tipo di via, tipo di roccia e aumento il mio bagaglio di competenze.

39. Arrampicare con qualcuno migliore di te!

Può sembrare così facile che spesso non ci si pensa! Ma avere come compagno di arrampicata qualcuno che è migliore di te è più prezioso di qualsiasi allenatore, metodo o libro sull'arrampicata! Personalmente ho avuto la fortuna di essere iniziato da ottimi arrampicatori. Tecnicamente e mentalmente forti, estremamente umili e incoraggianti. Ho potuto osservarli e accumulare rapidamente una base tecnica e una gestualità. Mi hanno anche insegnato molto sulla gestione dello stress e sull'approccio «strategico» di una via, che sia la lettura, la gestione dello sforzo o il ricordare un passaggio. Non esitate nemmeno un secondo se un arrampicatore esperto vi invita a scalare. Se è molto più bravo di voi, ne trarrete molto beneficio. Se è solo un gradino sopra di voi, potrete godere di uno stimolo speciale che vi spingerà verso l'alto!

40. Fare il salto

Ogni livello corrisponde a un bagaglio tecnico, fisico e mentale. E non potrai acquisire questo bagaglio se ti limiti a livelli inferiori che padroneggi. Quindi vai e metti le mani su un grado che ti piacerebbe scalare. Che sia un 6b, 6c, 7a o anche di più. Vai a vedere com'è una via di quel livello. In questo modo potrai posizionarti, immaginare cosa richiede, cosa ti manca eventualmente per riuscire e quindi cosa devi allenare. «Il segreto per migliorare è lanciarsi» afferma Mark Twain[19].

In breve: Non esitare a provare regolarmente percorsi al di sopra del tuo livello.

---

19   Scrittore, saggista ed umorista americano. È noto per essere l'autore de «Le avventure di Tom Sawyer» e «Le avventure di Huckleberry Finn».

41. Giocare ai professionisti: lavorare i tiri!

I professionisti si lanciano in progetti folli! Progetti che, all'inizio, non sono assolutamente certi di poter realizzare. Vie così difficili che talvolta il grado che stabilisce il loro livello di difficoltà non esiste ancora! Questo è stato infatti il caso per tutte le prime volte! Immergiamoci brevemente nella storia di queste prime volte[20]:

Nel 1903, Siegfried Herford compie l'ascensione di *Botterill's Slab* (5) a Scafell in Inghilterra e Oliver Perry-Smith quella di *Lokomotive Esse* (4+/5) a Dresda in Germania. Queste due vie raggiungono il limite del sistema di classificazione dell'epoca, inventato da Hans Dülfer. Alcuni mesi dopo, Perry-Smith innalza il livello di difficoltà con *Teufelsturm* e *Spannagelturm Perrykante*. Questi due tiri saranno successivamente elevati al sesto grado con l'introduzione del sistema di classificazione proposto da Willo Welzenbach nel 1925. All'inizio degli anni '30, il 6a è più o meno considerato come la difficoltà massima, il limite delle capacità umane.

L'attrezzatura evolve in questo periodo e permette un po' più di audacia. Pierre Alain inventa i calzari con suola liscia alla fine degli anni '30 e la loro commercializzazione inizierà verso il 1950. Questi calzari di un nuovo genere accompagnano l'arrivo di una nuova forma di arrampicata. L'attrezzatura (imbragature, moschettoni in lega leggera, ecc.) si orienta verso più leggerezza e praticità. Le «regole» del libero si affermano: non si tira più sui chiodi! La difficoltà conoscerà quindi vari balzi in avanti. Ron Kauk compie nel 1970 l'ascensione di *Astroman* (7a/5.11c), storico primo 7a al mondo! Le cose si susseguono con il primo 7b, *Kansas City*, da parte di John Bragg nel 1972. Steve Wunsc realizza il primo 7c nel 1974 con *Supercrack*. Altro «accessorio» del libero: l'uso della magnesite si diffonde poco a poco e permette di spingere ancora più in là i limiti.

20   Fonti principali: http://centrefederaldedocumentation.ffcam.fr/escalade.html, Wikipédiawipédia.org, https://www.escalade-montagne.fr/histoire-de-l-escalade/ e C.Larcher, «Le classificazioni nell'arrampicata», su www.kairn.com, 23 marzo 2007.

Dal lato francese, Jean-Claude Droyer apre all'Saussois *l'Arête Jaune* (6b) nel 1976, e *Le Râteau* (6c) a Saffres nel 1977.

Peter Cleveland e Toni Yaniro lanciano due grossi sassi nello stagno, sassi nominati *Phlogiston* a Devil's lake per il primo (1977), e *Grand Illusion* per il secondo (1979), che aprono l'ottavo grado, i primi 8a!

Nel 1978, l'Assemblea generale dell'UIAA decide di alzare il sistema di classificazione Welzenbach: dopo il VI, viene il VII, poi l'VIII ecc.

Gli anni '80 vedono l'arrampicata democratizzarsi. Patrick Edlinger, diventato un personaggio mediatico grazie a diversi film (La vie au bout des doigts, poi Opéra Vertical), contribuisce largamente a far conoscere questa disciplina al grande pubblico.

Gli anni '80 vedono il livello esplodere letteralmente! Il 1983 è l'anno di nascita dei tre primi «otto» (8a) in Francia, a Buoux esattamente: *Crépinette* aperto da Fabrice Guillot, *Rêve de papillon* da Marc Le Menestrel e *Ça glisse au pays des merveilles* da Patrick Edlinger. Le ragazze non tarderanno a scalare «sull'8»: Catherine Destivelle realizza infatti il primo 8a femminile, *Fleur de Rocaille*, nel 1986. Questo stesso anno, il 1986, apre su una performance fino ad allora impensabile: Antoine Le Menestrel realizza il primo 8a a vista, *Samizdat* al Cimaï.

Dopo aver ripetuto *Grand illusion* nel 1982, Wolfgang Güllich, giovane scalatore tedesco, segna indelebilmente la storia dell'arrampicata con *Kanal Im Rücken* ad Altmühtal il primo 8b al mondo. Continua nel 1985 con il primo 8b+: *Punks in The Gym* al Mont Arapiles in Australia. Infine, nel suo feudo del Frankenjura, realizza nel 1987 il primo 8c con *Wallstreet*. Gli verrà tolto il primo 8c+ da Ben Moon che farà *Hubble* nel 1990. Riprenderà la mano nel 1991, con la mitica ascensione di *Action Direct*, primo 9a al mondo! Troverà sfortunatamente la morte in un incidente stradale l'anno seguente, lasciando un vuoto immenso nel mondo dell'arrampicata libera.

Fred Rouhling realizzerà il primo 9a francese con *Hugh* alle Eaux-Claires, nel 1993.

Il 9a è a lungo rimasto un livello ultimo. Frase che si può ormai coniugare al passato con l'arrivo negli anni 2000 della nuova generazione: l'americano Chris Sharma, il ceco Adam Ondra, l'italiano Stefano Ghisolfi, il tedesco Alex Mégos o il francese Seb Bouin per citare solo i più illustri. Infatti, a partire dal 2008, vengono raggiunti nuovi gradi, in particolare con Chris Sharma e Adam Ondra che aprono diversi tiri classificate 9b, poi 9b+ (*Change*, *La Dura Dura*).

Nel bouldering, il 9a è raggiunto nel 2016 dal finlandese Nalle Hukkataival che realizza *Burden of Dreams* in Finlandia.

Diverse donne hanno sconvolto il mondo dell'arrampicata, a volte leggermente maschilista. Abbiamo già menzionato Catherine Destivelle con il primo 8a femminile nel 1985. Per la cronaca, la via sarà declassificata il giorno dopo la sua ascensione a 7c, prima di essere riclassificata più tardi 7c+. Questo la dice lunga. In ogni caso, Catherine Destivelle conferma il suo livello nel 1988 realizzando *Chouca* a Buoux, il primo 8a+ femminile! La sorprendente Lynn Hill sarà regolarmente sua rivale durante i campionati del mondo. Lynn Hill segnerà a sua volta l'arrampicata nel 1993, realizzando la prima in libera di *The Nose* sulla parete di El Capitan al Yosemite. Una via mitica: 1 000 metri, 34 lunghezze. Cinque anni dopo, nel 1998, Josune Bereziartu conclude *Honky Tonky* realizzando così la prima ascensione femminile di una via classificata 8c. Più recentemente, nel 2017, Margo Hayes, giovane scalatrice di appena vent'anni, diventa la prima donna a concatenare un 9a+ con *La Rambla*! Lo stesso anno, l'austriaca Angela Eiter firma il primo 9b femminile: La *Planta de Shiva*. Laura Rogora diventa nel 2021 la prima donna a realizzare un 9b/+ con *Erebor* in Italia (la via è stata però declassificata a 9b da Adam Ondra)!

Oggi i migliori mirano al 9b, 9b+ e più recentemente al 9c! Alla fine del 2023, si contano più di 300 tiri nel nono grado, di cui una centinaia classificate 9a+, una trentina classificate 9b, una decina di livello 9b+, e due classificate 9c. Solo Adam Ondra e Seb Bouin hanno oggi superato questo estremo livello di 9c con *Silence* per il primo, *DNA* per il secondo!

Zoomiamo un po' sul processo dietro queste ultime ascensioni.

Quando si cimentano in questo tipo di progetto, i professionisti a volte non riescono a concatenare neanche un quarto della via. Cadono nelle diverse sezioni e faticano a concatenare due movimenti nella sezione del passaggio chiave. Poi, al ritmo dei tentativi, numerosi a volte, innumerevoli, spesso, riescono a collegare le diverse sezioni. È un processo molto lungo, impegnativo sia fisicamente che mentalmente.

In qualità di amatori, cimentarsi così in tiri troppo duri, fisicamente e tecnicamente, e tentare un progetto fino al suo successo è particolarmente gratificante. E questo sia che il progetto in questione sia un 6a, un 6b, un 7a o qualsiasi altro grado. Questo tipo di realizzazione detta «lavorata» ci permette di rompere delle barriere mentali, di sviluppare la nostra determinazione e il nostro bagaglio tecnico e strategico.

"Lavorare" un tiro necessita comunque di un minimo di dedizione e determinazione. Il fallimento farà parte del processo. Deve però rimanere il piacere, altrimenti, si rischia di abbandonare il progetto. Ispiriamoci a questo titolo di Cioran: «L'unico modo di sopportare rovescio dopo rovescio è amare l'idea del rovescio. Se ci si riesce, seguiranno altre sorprese: si è superiori a tutto ciò che accade, si è una vittima invincibile».

Ma non c'è gratificazione migliore che trovare il metodo (il vostro) che corrisponde al passaggio! Migliorate la vostra gestualità ad ogni tentativo, integrate in modo intuitivo la nozione di ritmo, specialmente quando siete sicuri del metodo. Sviluppate nuovi posizionamenti e flirtate con i vostri reali limiti fisici. Realizzare una via dura che ha richiesto ripetizioni, lavoro e perseveranza, vi lascerà un ricordo molto più potente che realizzare una via del vostro livello abituale.

Riassumiamo il processo di realizzazione di una «super salita» lavorata in 7 punti:

1. **Scegliere il tiro giusto:** questo potrebbe essere la fase più importante. Sarai chiamato a visitare regolarmente la via, quindi deve davvero piacerti. La scelta giusta è quella di un obiettivo difficile ma raggiungibile. La via deve rappresentare qualcosa di più di una semplice valutazione. Deve rappresentare qualcosa di magico o memorabile per te personalmente. Deve quasi farti innamorare del suo nome, del suo stile, della sua storia, del luogo, ecc.

2. **Raggiungere la sosta:** tirando se necessario sui rinvii, sulle fettucce, ecc. L'idea è avere una prima visione d'insieme. Avrai un'idea generale delle diverse sezioni e dei movimenti. Saprai più o meno quali passaggi richiederanno lavoro e quali saranno facilmente padroneggiabili.

3. **Scomponi la via in «blocchi di lavoro».** Come per la scrittura di questo libro, ho dovuto scomporre il progetto in capitoli. I capitoli sono piccoli obiettivi facilmente raggiungibili che ti consentono di rimanere motivato di fronte a un grande compito. Scomponi allo stesso modo la via in diverse sezioni e impegnati a completare queste diverse sezioni. La suddivisione del progetto rende la sfida più gestibile e ti permette di mantenere un alto livello di motivazione: ogni sezione scalata, come ogni capitolo scritto, è una piccola vittoria, un passo in più verso il successo.

   NOTA: Storicamente, gli arrampicatori partivano sempre dal basso per lavorare la via[21]. Oggi, alcuni lavorano la via iniziando dalle sezioni superiori. È una strategia interessante, soprattutto usata da Adam Ondra. In questo modo,

---

21 Nell'etica originale del Rotpunkt, il punto rosso di Kurt Albert, una via doveva essere completata dalla base con il posizionamento dei rinvii per essere considerata valida. In caso di caduta, non era permesso provare la sezione dall'alto; invece, si lasciava cadere la corda e si riprovava dalla base.

quando riesci nelle sequenze più basse, hai un vantaggio, perché conosci già la fine della via.

4. **Cerca e trova i metodi** giusti per ogni passaggio difficile preso singolarmente, fino a riuscire a concatenare la sequenza in modo ottimale. Ottimizza ogni posizione del piede, ogni presa e ogni movimento, ma anche tutti i piccoli appoggi (posizioni di minore sforzo) e tutti i riposi. Qui puoi eventualmente ricorrere alla corda dall'alto per lavorare facilmente su ogni movimento.

   In caso di caduta durante l'ancoraggio, cerca di capire cosa manca, cosa è necessario migliorare. Potrebbe essere il tuo stato mentale o qualsiasi aspetto legato al ritmo o alle strategie da adottare per ottimizzare il riposo, l'appoggio o un particolare movimento, ecc.

5. **Collega i passaggi chiave.** Quando riesci in tutti i movimenti di una data sezione, cerca di collegare i diversi passaggi chiave tra loro. Cerca quindi di collegare due sezioni tra loro. Poi tre sezioni, ecc. Anche qui, ottimizza il modo in cui colleghi ogni sezione.

6. **Memorizza e visualizza i dettagli e l'insieme:** più hai in mente la successione dei movimenti all'interno di una sequenza e il modo in cui si collegano le sezioni tra loro, più sarai efficiente. Il lavoro di memoria e visualizzazione sarà determinante.

7. **È ora di tentare la salita:** lancia l'assalto! Se cadi sempre nello stesso punto, prova eventualmente a rivedere il metodo o a considerare un nuovo metodo.

Avrai bisogno di un assicuratore paziente che ti ami molto. Offri un drink o una cena se riesci a completare la salita!

Consiglio: Lavora su un progetto in coppia, in questo modo potrete confrontare i vostri metodi e migliorare più velocemente verso la soluzione.

Ecco una tabella di equivalenza comunemente accettata tra a vista e lavorati:

Grado a vista	Probabilmente può scalare tiri lavorati di
5	6a+
6a	6b+/6c
6b	6c+/7a
6c	7a+/7b
7a	7b+/7c
7c	8a+/8b
8a	8b+/8c
8b	8c+/9a
8c	9a+/9b

In breve: Sto pensando di suddividere la via in vari blocchi di lavoro. Lavoro su ogni blocco separatamente e poi cerco di collegarli.

Esercizio: Trova una via che ti piace per la sua forma, il suo stile, il suo ambiente o semplicemente che saresti felice di riuscire a scalare! Scegli una via con una difficoltà di uno o due gradi superiore a quello a cui sei abituato. Fissa un obiettivo a breve termine (una sessione), a medio termine (alcuni giorni) o a lungo termine (una o più settimane) e cerca di scalare regolarmente la via (la ricetta è qui sopra) fino al successo!

42. Dove potrebbe esserci un problema?

Come abbiamo detto, l'arrampicata è una questione di equilibrio nel vero senso della parola. Di gestione delle forze, dei punti d'appoggio, ecc. È anche una questione di equilibrio tra gli elementi che compongono la pratica: fisico, mentale e tecnico.

Molte persone avranno la tendenza a sovrainvestire nel fisico, a discapito spesso della tecnica, della componente mentale e dello sforzo di memorizzazione.

Essere onesti con sé stessi, saper riconoscere le proprie debolezze e ciò che manca, ci consentirà di concentrare i nostri sforzi sui punti giusti. Non esitiamo a farci domande come: ho abbastanza esperienza con i movimenti? Quali tipi di movimenti o profili mi creano problemi? Appoggiare i piedi, i rovesci, le placche, i passaggi in strapiombo? Ho dei limiti a livello mentale, delle paure profonde? So come mettere in atto una strategia adatta a un percorso specifico (lettura, visualizzazione, lavoro sulle tecniche, ritmo, ecc.)? In secondo luogo, sul piano fisico, quali sono i miei punti di forza e le mie debolezze? Quali sono le mie capacità in termini di forza, resistenza, continuità?

È preferibile ottenere piccoli miglioramenti in modo equilibrato in ciascuna delle tre componenti principali (mente/tecnica/fisico) e soprattutto non trascurare le prime due a favore dell'ultima. Non è necessario allenarsi specificamente per la forza fino al 7a, l'arrampicata regolare è sufficiente! Inoltre, non ha senso impegnarsi in un 7c in top rope se si trema come una foglia su un 6a leggermente impegnativo o appena sopra l'ultimo punto di assicurazione. In questo caso, meglio sviluppare prima la tua mente e il tuo controllo dello stress e della paura della caduta.

Forza pura
Resistenza
Continuità
Sequenziamento, Ritmo, Memorizzazione
Capacità muscolari
Aderenza, presa, ecc.
Flessibilità
Lettura del percorso
Fisico
Tecnica
Piazzamento dei piedi
Determinazione
Mente
Repertorio gestuale
Motivazione
Combattività
Senso del posizionamento
Paura, gestione dello stress
Intenzione, concentrazione, focus
Rilassamento, ottimizzazione delle pause, PMS
Paura della caduta
Paura del fallimento, paura del successo
Autoestima, Fiducia in se stessi

Parte 3,
La Mente con la M maiuscola

43. Rivedere regolarmente le manovre con la corda, i nodi, le tecniche di fuga

Avere fiducia nelle manovre, nei nodi, nelle alternative possibili in caso di ritiro. Un ritiro è quando non riesci a raggiungere la fine di una via. Sapere, ad esempio, che sarai in grado di ritirarti se ti blocchi in una sezione ti permette di tranquillizzare la mente e di partire sereno. Ma non imparerai a ritirarti se rimani appeso come un salame sotto la chiodatura. Questo si impara molto prima, a casa, in palestra o con degli esperti. Lo stesso vale per tutti i nodi, le manovre e la costruzione delle soste se sei interessato alle vie lunghe. Rivedi regolarmente le tue basi per eliminare qualsiasi preoccupazione sulla sicurezza logistica, in modo da poterti concentrare completamente sulla tua arrampicata. Rinforzare la tua mente significa prima di tutto alleggerirla delle preoccupazioni «accessorie» all'azione.

44. Le diverse componenti della mente!

Spesso si parla della mente, o della mancanza di «testa», in modo un po' generico per indicare la paura della caduta o più generalmente la mancanza di concentrazione. Tuttavia, la mente può riferirsi a diverse componenti della psiche. Sapere come distinguere queste componenti consente di identificare chiaramente su cosa è opportuno concentrarsi per « guadagnare forza mentale »!

In questo contesto, faremo distinzioni tra tre componenti: la paura della caduta (e la gestione dello stress), la fiducia in sé stessi (o l'autostima) e la determinazione, che è correlata alla motivazione. Naturalmente ogni componente agisce e reagisce sulle altre: una mancanza di motivazione renderà più facile la paura della caduta, così come una scarsa autostima avrà conseguenze sulla determinazione.

Esercizio personale: cerca di identificare quali aspetti della tua mente sono solidi o quali sono invece più fragili.

45. Sii felice di arrampicare e di faticare! E mantieni il sorriso!

Le emozioni che attraversano il nostro corpo hanno riflessi immediati sulle nostre sensazioni fisiche. Una buona notizia ci riempie di benessere, ci fa sentire bene nel nostro corpo. Ricorda quella sensazione di leggerezza dopo un esame superato con successo. Pertanto, partire con l'entusiasmo, con la soddisfazione di scalare, attiva e rafforza il lato positivo della tua mente. Questo stato d'animo ti aiuterà ad affrontare meglio le difficoltà che incontrerai. Al contrario, uno spirito abbattuto, timoroso, stressato o lamentoso (prese troppo piccole! troppo scivolose! punti troppo distanti!) ti ostacolerà sicuramente!

Uno studio relativamente recente[22] ha dimostrato che mantenere il sorriso migliora le nostre capacità di rilassamento, riduce la sensazione di sforzo e consente una migliore ossigenazione. Rilassarsi fisicamente invita al rilassamento mentale, il quale a sua volta favorisce un rilassamento corporeo. È un fenomeno di «back-and-forth», un circolo virtuoso o «re-enforcement», per usare un anglicismo.

Al contrario, aggrottare la fronte può aumentare la percezione dello sforzo e ridurre le nostre capacità di rilassamento. Sii felice di essere sulla roccia, pensa alla fortuna di gustarti un momento di svago all'aperto mentre altri faticano in ufficio. E mantieni il sorriso, anche nel passaggio chiave! Che piacere arrancare su quelle orribili tacche! È fantastico! Sorridi, stai scalando.

---

22 The Influence of Facial Expressions and Relaxation Cues on Movement Economy, Physiological, and Perceptual Responses During Running, Brick et al., 2018.

46. La paura va bene, ai piedi della parete, non (troppo) sulla via!

Più facile a dirsi che a farsi! Magari bastasse dire a sé stessi «Non mi lascerò invadere dalla paura « affinché questa non si manifesti!

Non è possibile eliminare completamente la paura, che è un meccanismo di protezione di fronte al pericolo. Fino a prova contraria, non siamo né lucertole né gechi. Stare appesi per ore su una parete non fa parte della normalità dell'essere umano. Dal momento che non fa parte della nostra «normalità», è comprensibile che la paura si manifesti per avvertirci del rischio che corriamo quando ci eleviamo sopra il suolo. È possibile abituarsi al vuoto. Ecco cosa succede: non abbiamo più paura quando padroneggiamo la situazione. Un arrampicatore abituato al 7a non ha particolari timori su una 5c o 6a. Tuttavia, quando la situazione si discosta dalla nostra esperienza di pieno controllo, è probabile che riaffiorino i riflessi arcaici del nostro cervello rettile. Abbiamo paura! Paura di procedere e allontanarci dall'ultimo rinvio, ecc. Paura di cadere, paura di farci male! Abbiamo appena preso coscienza del fenomeno della paura.

La paura è quindi assolutamente necessaria per avvertirci di un pericolo, di un passaggio incerto, esposto, di una caduta a terra o su una cengia. La paura ci protegge in queste situazioni in cui il rischio è reale.

Ma in molte situazioni, su una parete molto verticale o strapiombante, il rischio è relativamente basso a condizione che l'assicuratore risponda con prontezza. In questo caso, la paura assume una dimensione puramente irrazionale. Certo, puoi cadere, ma fa parte del gioco. Poiché il rischio reale di ferirsi è basso, il pericolo è relativo.

Pertanto, quando la paura si manifesta come un'ansia sproporzionata, irrazionale, questa ti trascinerà inevitabilmente verso il

Ho paura di cadere!
Sei in top rope, è una paura irrazionale...

basso come un sacco di sassi. Che idea strana quella di arrampicare con un sacco di sassi! In questo caso, la paura aumenta paradossalmente il rischio di caduta che dovrebbe prevenire. Perde la sua funzione protettiva e assume quella di un vero e proprio handicap. La paura deve quindi rimanere razionale!

Ma come fare per liberarsi dalla paura? Questo è il nucleo della questione. Attraverso l'azione! Tramite il principio della non conoscenza, il contrario della consapevolezza. Essere nell'azione, nell'ignoranza della caduta, per non pensare alla paura. L'azione e la concentrazione sull'obiettivo, la catena del tiro, permettono di non far andare la mente. Mentre se pensi di cadere, facilmente cadi. Per non avere paura, concentrati solo sui tuoi movimenti e sforzati al massimo per eseguirli con sensibilità, precisione ed equilibrio. Non rimanere in attesa di ciò che potrebbe accadere, ma concentrati solo sull'azione e sulla riorganizzazione in base alle informazioni che raccogli durante la tua progressione.

Ti sorprenderai nel vedere che, quando la caduta avviene durante l'azione, cioè durante un momento di concentrazione, nel movimento, essa è molto meno turbante emotivamente rispetto a quando la aspetti, la temi. Molto spesso, il peggio nel peggio è l'attesa del peggio. In definitiva, non esitare mai a tentare quel movimento finale che potrebbe tenere! E ti consentirebbe di raggiungere la cima della via. Quindi, dimentica il «tienimi» e credi in te stesso!

In breve: innanzitutto razionalizzo il reale pericolo, poi, per sottrarmi alla paura, mi concentro sull'azione, sulla mia arrampicata, metto tutta la mia attenzione nella sequenza dei movimenti.

47. Riscaldati, Giovanni!

Oggi, il riscaldamento muscolare è ampiamente accettato. Tutti i praticanti concordano sul fatto che esercizi muscolari progressivi consentano di essere più performanti riducendo il rischio di lesioni.

Lo stesso vale per la mente! Possiamo scaldarci lentamente per evitare di «infortunare» la mente, di «scioccarci» troppo improvvisamente. Attraverso questo riscaldamento, eviteremo di cadere nella solita liturgia del «oggi, non ho testa...».

Per farlo, aumenteremo le difficoltà e il livello di impegno progressivamente. Scaliamo alcuni tiri al di sotto del nostro livello e gradualmente aumentiamo l'impegno, ad esempio cercando di raggiungere il punto in cui rinviare piuttosto che cercare di agganciarlo dal basso, e andando verso gradi sempre più impegnativi (distanza tra i rinvii, passaggi difficili tra i punti di assicurazione, ecc.).

In breve: Aumento progressivamente il livello di impegno. Quello che vale per il corpo vale anche per la mente.

48. Sono sul duro... ci sei? Costruire la fiducia con il proprio assicuratore.

Come abbiamo detto, per scalare in modo efficiente, è necessario concentrarsi completamente sulla scalata. Se non si è sicuri al cento per cento delle capacità dell'assicuratore che tiene la vita alla fine della corda, c'è un problema! Un grave problema! La tua mente oscillerà costantemente tra il passo da compiere e la proiezione - l'immaginazione - di una caduta male assicurata.

In questo modo, minacci la tua mente. Salirai volontariamente o inconsciamente per evitare di cadere, piuttosto che salire per salire bene. Stringerai le prese - sprecando allegramente le tue possibilità di riuscita - per evitare una potenziale caduta pericolosa, piuttosto che cercare di superare correttamente il passaggio. Quindi, la fiducia nel tuo assicuratore è fondamentale. Viene prima di tutto! E si costruisce lentamente, passo dopo passo. Sfortunatamente, può essere spezzata, persa o almeno erosa molto rapidamente!

Per instaurare questa fiducia reciproca, è importante scalare regolarmente con il tuo assicuratore e sviluppare una buona comunicazione. Dovete essere capaci di dirvi reciprocamente cosa va bene e cosa non va bene. E dovreste discutere dell'assicurazione. Usate termini appropriati come «molla», «blocca», «tira», ecc. Se le domande sull'assicurazione sono tabù (per orgoglio, ignoranza o paura di ferire l'altro), è sicuramente un problema...

Un buon assicuratore è attento, ha un sesto senso, sa quando deve dare più corda per far passare l'arrampicatore sotto un tetto o, al contrario, accorciarla un po' per evitare una caduta su una cengia e le conseguenti conseguenze fisiche. È sempre presente e vigile, anche quando assicura in una sezione facile, indipendentemente dal livello dell'arrampicatore che assicura. Prevede anche la necessità di dare più corda per rinviare. In altre parole, è il futuro (ciò che sta per accadere), il presente (ciò che sta accadendo) e il condizionale dell'arrampicatore

zip !
Credo di aver controllato male il tuo nodo... Comunque, il GriGri era anche al contrario...

(ciò che potrebbe accadere). In altre parole: Prevede, monitora e pianifica.

Questo buon rapporto si svilupperà anche attraverso le situazioni complesse e le cadute assicurate!

Un buon assicuratore è prezioso! Pertanto, assicurati di essere altrettanto attento quando lui scala, come vorresti che lo fosse quando sei tu a scalare. La fiducia si nutre di fiducia. E di comunicazione!

In breve: Quando assicuro, sono concentrato sull'arrampicatore dal primo all'ultimo movimento sulla via. Sono vigile, prevedo e pianifico.

Esercizio: Prima di iniziare a scalare, comunica al tuo assicuratore o discuti con lui su cosa prestare attenzione: la cengia, lo spit lontano, la possibile caduta a terra, ecc. Inoltre, quando assicuri a tua volta, condividi la tua lettura della situazione. Sapere che l'altro si sta impegnando e sta prendendo sul serio il suo ruolo favorisce la fiducia reciproca.

49. Cadere il più possibile

È un luogo comune, ma più cadi, più affronti le cadute potenziali con calma e (quasi) serenità. La caduta fa davvero parte dell'arrampicata sportiva. La caduta in arrampicata potrebbe persino essere considerata una competenza! Dovrebbe essere considerata tale. Osservate i professionisti. Osservate come sono completamente impegnati nei movimenti che fanno. Hanno solo un piccolo spazio per pensare alla caduta. Sono caduti centinaia, migliaia di volte e conoscono il comportamento da adottare in caso di caduta. Sanno anche che, se concedono troppo spazio all'ansia della caduta, non riusciranno a realizzare il loro progetto. Per lottare nel passo cruciale, devono andare ben oltre la paura della caduta.

Accettare la caduta significa innanzitutto conoscerla bene. E per conoscerla bene, devi cadere spesso! Regolarmente. Deve essere quasi come un'amica. Il meraviglioso cortometraggio «Jumpscare: The fear of falling» tratta molto bene il fenomeno della paura della caduta.

Ovviamente, alcune cadute, specialmente su placche, vie lunghe o profili con molte cenge, devono essere evitate. Ma se la via è verticale o leggermente strapiombante, cadere presenterà un rischio ridotto di pericolo, specialmente se il tuo assicuratore è attento.

Le cadute più «delicate» sono quelle che avvengono durante un traverso, ad esempio. Quando l'arrampicatore è chiaramente fuori posizione rispetto al punto di ancoraggio, la natura pendolare della caduta la rende un po' più difficile da «gestire». In questo caso l'arrampicatore può cercare di spostarsi leggermente verso il chiodo o lo spit quando cade e prevenire l'oscillazione per migliorare l'impatto. Ancora una volta, l'assicurazione in modo dinamico aiuterà a ridurre il pendolo e quindi l'impatto.

Prova, come abbiamo discusso in precedenza, a cercare sempre un ultimo movimento e a evitare di dire «blocca». Cadere può diventare gratificante quando cadi nell'ultimo movimento. In questo modo, costruisci una mentalità completa da scalatore!

IMPORTANTE: Quando vai da primo, assicurati che la corda che viene dal basso non passi mai dietro la tua gamba o la tua caviglia. Altrimenti, in caso di caduta, rischi di girarti come una frittata e di colpire il muro con la testa (con una bruciatura della gamba in mezzo!) Questo è uno degli incidenti più comuni tra i principianti nell'arrampicata! Se scali lungo le linee dei punti di ancoraggio, la corda di solito passa tra le tue gambe. Tuttavia, quando ti sposti lateralmente dall'ultimo punto di ancoraggio, la corda deve passare sul lato della gamba e non dietro di essa! Mai dietro!

Pensa a non proiettarti troppo lontano dalla parete (cosa che aumenta il pendolo della caduta), ma piuttosto lasciati cadere dritto, sganciandoti leggermente dal muro. Prevedi il momento in cui la corda si tende (puoi afferrare la corda legata alla tua imbracatura davanti a te con la mano per stabilizzarti) e assicurati di ammortizzare bene, piegando leggermente le ginocchia se necessario, piedi distanziati all'ampiezza delle spalle o leggermente più larghi.

▌ In breve:

Lato scalatore

1. **Non lascio mai la corda dietro la gamba.**

2. **Avverto il mio assicuratore della mia caduta** (anche se dovrebbe sempre essere pronto!).

3. **Non mi allontano troppo dalla parete** spingendo con i piedi. Mi sposto solo leggermente per evitare che il viso si sfreghi contro la roccia (specialmente se sono sopra un lieve strapiombo, ad esempio!).

4. **Durante la caduta, non afferro nulla** (né prese, né chiodi, né rinvii, ecc.) per evitare di ferire le dita e le spalle. **Pos-**

so comunque afferrare la corda legata all'imbracatura per stabilizzarmi.

5. **Mantengo gli occhi ben aperti e cerco di visualizzare la zona di impatto.** Ammortizzo al meglio, piegando leggermente le ginocchia se necessario, piedi distanziati all'ampiezza delle spalle o leggermente più larghi.

Lato assicuratore

Una caduta ben assicurata deve essere dolce e piacevole come l'abbraccio confortevole di un divano alla fine della giornata!

1. **Sono sempre pronto, anticipando una caduta improvvisa** (anche se l'arrampicatore sembra rilassato; una caduta inaspettata è sempre una sorpresa!).

2. **Al momento della caduta, posso recuperare eventualmente il surplus di corda per accorciare l'altezza della caduta o evitare un atterraggio su una cengia** (vedi testo principale).

3. **Non blocco mai bruscamente l'arrampicatore** (tranne in casi eccezionali menzionati in precedenza)! Poiché bloccare bruscamente aumenta l'effetto di rimbalzo sulla parete per l'arrampicatore e l'impatto conseguente!

4. **Al contrario, non appena sento una tensione nella corda, alleggerisco.** Mi avvicino al muro e posso anche fare alcuni passi su di esso. Il semplice fatto di alleggerirsi anziché opporre resistenza permette una caduta «piacevole», ammortizzata come nella bambagia, o quasi!

Esercizio 1: In un tiro strapiombante, prova a cadere da sempre più in alto sopra l'ultimo ancoraggio. Inizia dal livello del rinvio. Poi 50 cm sopra. Poi 1 metro. Poi 2 metri. Questo costituirà anche un allenamento per il tuo assicuratore. Chiedigli, ad esempio, di avvicinarsi al muro in una caduta, di alleggerirsi completamente in un'altra (anche spingendosi leggermente verso l'alto). Confrontatevi. Conoscetevi.

Esercizio 2: Ripeti l'esercizio 1, ma questa volta cadendo durante un movimento di arrampicata.

50. Mentalità, piacere, fiducia in sé stessi e lo spirito combattio

Il fallimento fa parte dell'apprendimento. Se cadiamo su un tiro, potremo poi correggere ciò che ci è mancato una volta che saremo in grado di identificare ciò che è andato storto (metodo errato, mancanza di ottimizzazione dei punti di riposo, mancanza di ritmo o blocco nella sezione difficile, ecc.).

D'altra parte, non dobbiamo sottovalutare l'importanza di metterci regolarmente in situazioni di riuscita. Il successo è gratificante e porta piacere. Portare principianti, che non hanno mai fatto arrampicata, in una via troppo difficile per loro, dove ad esempio non raggiungeranno la catena, è il modo più sicuro per farli odiare definitivamente l'arrampicata. Al contrario, cercheremo in questo caso di metterli in situazioni di riuscita in modo che possano trarre soddisfazione dalle loro prime salite. Anche se ciò significa andare su tiri molto facili e sottovalutare le loro capacità. Il piacere del fallimento e del successo dopo aver lavorato un tiro è riservato ai più esperti.

«Credere in sé stessi significa essere in grado di mobilitare tutte le proprie risorse», ci ricorda lo psichiatra Christophe André. Per sviluppare la fiducia in noi stessi, cercheremo di metterci regolarmente in situazioni di riuscita, sia provando vie che si adattano al nostro stile, sia semplicemente vie più facili.

Inoltre, eviteremo anche di sminuirci con il confronto costante. Come sottolinea Christophe André, «il benessere e la stabilità emotiva di una persona dipendono molto dal suo livello di autostima»[23]. L'autostima sarà una potente risorsa nelle avversità, una vera e propria «immunità del sistema psicologico»; e la pratica dell'arrampicata non manca di momenti - o persino periodi - in cui ci troveremo di fronte alle avversità. Che sia per trovare la soluzione di un passaggio apparentemente insolubile, che per mantenere la motivazione in un tiro in cui sembra che abbiamo

---

23   C. André et F. Lelord : L'estime de soi. Odile Jacob, Paris, 1999.

sovrastimato le nostre capacità del momento.

L'altra funzione dell'autostima è quella di promuovere «l'impegno efficace nell'azione». La fiducia in sé stessi rafforzerà quindi nel climber il senso di poter riuscire nella via che sta affrontando. «La maggior parte degli studi sottolinea che le persone con una bassa autostima si impegnano con molta cautela e riluttanza nell'azione; si arrendono più rapidamente di fronte alle difficoltà; soffrono più spesso di procrastinazione, la tendenza a esitare e rimandare qualsiasi decisione» riferisce Christophe André.

Al contrario, «le persone con un'alta autostima prendono decisioni più rapidamente e perseverano di fronte agli ostacoli». Qui entriamo in un altro aspetto della «mente» del climber, lo spirito combattivo! Questo desiderio profondo, questa voglia di lottare per il successo, oltre gli ostacoli. Lo spirito combattivo farà spesso la differenza in un passaggio ostico in cui saranno necessari molti tentativi. Anche qui si potrebbe parlare di un processo di rinforzo: ottimismo e fiducia in sé stessi incoraggiano l'azione, la lotta contro le avversità, il rimettersi in sella nonostante i fallimenti, e tutti questi meccanismi, che portano alla riuscita e al piacere, rafforzano l'autostima.

Avere fiducia in sé stessi ci permetterà di arrampicare più rilassati, ad esempio. Di non stressarci in una sezione difficile. Quindi di non affaticarci più del necessario. Tutti questi piccoli millimetri guadagnati ci porteranno più sicuramente in cima alla via!

Il piacere deve sempre rimanere al centro del processo di miglioramento. Come ci ricorda il famoso climber Cédric Lachat, «senza piacere, non ci sono risultati!». Alex Lowe va addirittura oltre: «Il miglior climber è quello che si diverte di più!» Quindi, non mollate, divertitevi e credete in voi stessi!

In breve: Non mi scoraggio dopo un fallimento. Mi diverto e aumento la mia fiducia in me stesso attraverso il successo in tiri del mio livello o più facili. Aumento così la mia autostima e questa fiducia in me stesso aumenta il mio spirito combattivo e la mia riuscita.

Esercizio 1: Ricordati di un momento di successo nell'arrampicata. Ad esempio, l'ultima via difficile che hai completato. Fissa quest'immagine nella tua memoria e trasformala in un «ricordo di risorsa». Quando ne avrai bisogno, ad esempio prima di tentare una salita, attingi a questo ricordo per ricaricare la tua autostima.

Esercizio 2: Vietati l'autoflagellazione senza motivo (auto-giudizio negativo, auto-svalutazione, atteggiamento pessimista, lamentele, ecc.). Elimina frasi come «questa via è troppo dura, queste prese sono troppo piccole, sono un fallimento, non ho mentalità, non ce la farò, ecc.» o permettiti solo un piccolo contingente di «lamentazioni» da usare solo nei casi estremi.

51. Demistificare la gradazione!

Letteralmente, in arrampicata, la «gradazione» è una «scala che indica il livello di difficoltà di una via tramite una valutazione alfanumerica».

In generale, il grado di un tiro indica il livello del movimento più difficile. Quindi è possibile trovare tiri di 40 metri valutati 6a perché solo un movimento richiede quel livello, mentre il resto della lunghezza potrebbe essere valutata 5b. Il grado di un tiro è sempre soggetto a dibattito! Non dimentichiamoci che i gradi sono influenzati da diversi fattori. I gradi storici sono spesso assegnati dai climber locali, che conoscevano bene le loro falesie e tendevano a sottovalutarli. Negli ultimi anni, un altro fenomeno sta influenzando le gradazioni, questa volta in senso contrario: la ricerca di attrattiva turistica. Ad esempio, le vie in alcune isole greche o spiagge thailandesi potrebbero avere gradi più «amichevoli». Un 7a a Phranang non è lo stesso di un 7a nelle Piramidi!

Inoltre, è possibile che lo stile di arrampicata a cui si è abituati (ad esempio, l'arrampicata su prese «a goccia» se si proviene dalla Charente o dalla Dordogna) possa confondere un climber abituato alle tacche. Quindi è possibile che un tipo di arrampicata considerato difficile in una determinata regione possa sembrare più facile a un altro climber. Inoltre, gli apritori, che sono spesso climber esperti, possono avere difficoltà a valutare le difficoltà nelle vie che per loro sono «facili». I gradi non devono quindi diventare riferimenti assoluti. Specialmente perché oggi conosciamo il potere persuasivo della mente. Tutti abbiamo abilità diverse in un settore o nell'altro e una via considerata difficile potrebbe sembrarci meno difficile di quanto indicato dal grado.

Perciò, cercate di non concentrarvi troppo sul grado. Concentratevi di più su ciò che potrebbe costituire un elemento soggettivo nella vostra motivazione. Potrebbe essere l'estetica di una via, la sua storia o una sfida tra amici climbers!

Il miglioramento dovrebbe essere un mezzo più che un fine. Il mezzo per potersi divertire di più in gradi di difficoltà superiori senza essere frenati dalla difficoltà annunciata di una via. Si può provare lo stesso piacere, a seconda del proprio livello, su un 6a, su un 8b o su un 9a+! Raggiungere determinati livelli consente semplicemente di ampliare l'orizzonte delle proprie possibilità, di poter dare un'occhiata a una linea perché è bella, senza essere limitati dalla gradazione.

In breve: Uso i gradi come sistema di riferimento. Tengo a mente che tra due gradi vicini, le difficoltà possono essere «in parte» soggettive.

Mi prostro ai tuoi piedi, totem del 7a! Dammi la forza per vincere la gravità e le piccole prese che fanno male alle dita!

52. Dimenticate ciò che gli altri dicono, non siate climbers influenzabili!

Mi piace molto arrampicare con gli altri. Unirmi a gruppi di amici o semplicemente a gruppi di climbers. Per l'atmosfera, lo scambio, la condivisione! È stato attraverso diversi gruppi dedicati, sui social media, che sono riuscito a riprendere ad arrampicare. E idealmente, la dinamica di gruppo dovrebbe portare a successi che non potremmo ottenere da soli. Ma sfortunatamente a volte, succede l'opposto.

In un gruppo ci sarà sempre un climber considerato migliore, o altri leader. Le loro opinioni su un tiro come «Non è facile questo 6c...» o «Il passaggio lassù è difficile» spesso convinceranno gli altri climbers che si considerano meno competenti. Questo fenomeno si verifica in molte interazioni sociali. Nel campo della psicologia sociale, Fortin spiega che l'influenza di una persona può avere ripercussioni sulle percezioni e il comportamento di un'altra persona. L'arrampicata non ne è esente. Possiamo anche pensare all'esperimento di Ash, che dimostra il potere del conformismo sulle decisioni di un individuo all'interno di un gruppo. Il rischio nell'arrampicata è quello di essere troppo influenzati sul modo di affrontare un passaggio o sulla valutazione della sua difficoltà, finendo per dubitare delle proprie competenze.

Inoltre, l'ambiente circostante è determinante per l'atmosfera generale, la motivazione che ne deriverà e l'autostima che ognuno avrà di sé stesso. Quindi, fuggite dagli ambienti negativi e cercate gruppi incoraggianti e benevoli.

In breve: Ascolto i consigli, ma non mi faccio troppo influenzare da ciò che qualcun altro dice su una via, sul modo di affrontarla o sulla difficoltà percepita. Non mi paragono agli altri e arrampico!

53. Analisi e riorganizzazione, la forza di volontà

Questo suona molto come sviluppo personale! Eppure, la volontà, nell'arrampicata, è spesso determinante per la riuscita di un tiro o di un passaggio. Questo ultimo consiglio completa in definitiva l'approccio al lavoro successivo, ma dal punto di vista psicologico. La volontà può intervenire anche nei tentativi a vista o flash.

Letteralmente, la volontà si definisce come «uno stato d'animo con cui ci si propone deliberatamente un obiettivo». Potrebbe essere quello di respirare bene per tutta la via, concentrarsi sulla posizione ottimale dei piedi, mantenere il ritmo adatto all'itinerario. Durante l'arrampicata, ci ripeteremo come un mantra «respira», «mira ai giusti appoggi e posiziona con precisione», «prosegui nella parte resistente, poi rallenta»; ci concentreremo su un elemento con l'obiettivo di migliorare o fluidificare un movimento o una sequenza.

Nel caso di un passaggio chiave, potremo concentrarci su un'azione all'interno dello stesso movimento. Ad esempio, «posiziona questo piede molto in alto e spingi in questa o quella direzione» o «coinvolgi bene i glutei per rimanere appicciato al muro», ecc. L'idea è di concentrarsi su un'azione chiaramente definita per ottimizzare la riuscita di un movimento specifico. Man mano che ripetiamo questo gesto in modo attento, la volontà diventerà parte integrante del movimento come un automatismo, quasi inciso. Potremo quindi spostare la nostra attenzione su un altro elemento del movimento o del passaggio che vogliamo migliorare. Accumuleremo così, uno sopra l'altro, come strati, automatismi di ottimizzazione fino alla riuscita del movimento o della sequenza.

Dopo diversi tentativi, raggiungerete una serie di miglioramenti sottili che sarebbe stato molto difficile ottenere contemporaneamente. La fluidità e la facilità del movimento ricompenseranno il

Non capisco il nodo del problema...
"Colui che non riesce a descrivere il problema non troverà mai la soluzione", ha detto Confucio.

processo.

Ovviamente, quanto più avrete chiaramente identificato in anticipo gli elementi che mancano alla soluzione di un passaggio, tanto più sarà facile rimediare con la volontà appropriata. Tuttavia, a volte potrebbe essere difficile determinare con precisione cosa manca. In questo caso, si possono formulare ipotesi, e l'intenzione che sceglierete di portare alla vostra arrampicata sarà lì per confermarle. L'analisi e la volontà formano una coppia eccezionale, fatta per durare e superare le sfide!

In breve: All'interno di un singolo movimento o passaggio, concentro la mia attenzione su un elemento che desidero migliorare. Una volta ottenuto, sposto la mia attenzione su un altro elemento del movimento o della sequenza che voglio migliorare.

Parte 4, Attorno all'arrampicata

54. Riposo

Gli specialisti ritengono che siano necessarie da 24 a 48 ore per recuperare dopo uno sforzo intenso. Questo è il tempo medio necessario per il ripristino delle riserve di glicogeno. Il recupero è una delle chiavi dell'allenamento e delle future performance. È un luogo comune, ma non si può mai sottolineare abbastanza che articolazioni, muscoli e tendini hanno bisogno di riposo per rigenerarsi. Alcune persone ben allenate pensano di poter fare a meno di questo riposo, proprio perché si sentono in forma e arrampicano ogni giorno, spesso intensamente! E sì, *No Pain, No Gain!* Ma prendete una Porsche 911, una macchina costruita per la velocità. Può facilmente raggiungere i 330 km/h. Tuttavia, se la spingete a questa velocità giorno dopo giorno senza sosta e senza farla controllare da un meccanico, il motore ne risentirà prima o poi.

Perciò, è importante pianificare periodi di riposo tra le sessioni di arrampicata. Arrampicare tutti i giorni spesso annulla i progressi che il riposo avrebbe potuto portare ed espone i tessuti a un maggiore rischio di lesioni (e uno sportivo infortunato migliora poco...). *No Rest, No Gain!* Evitate assolutamente l'over training, il sovra allenamento! Per sapere quando fermarvi, cercate di ascoltare meglio il vostro corpo. Sintomi come grande stanchezza fisica o mentale - perdita di entusiasmo e quindi di «testa» - possono indicare un sovrallenamento. Arrampicando regolarmente e rimanendo attenti al vostro corpo, riuscirete più o meno a distinguere tra dolori muscolari «normali» e una stanchezza cronica da sovrallenamento. In breve, è normale avere dolori muscolari, che derivano dalle microlesioni (necessarie per l'aumento della massa muscolare o della «densità»). Ma se non date al vostro organismo il tempo di recuperare da queste microlesioni attraverso la sua resilienza naturale, accumulate un debito di recupero. E se non date al riposo il suo giusto valore, pagherete questo debito con un infortunio!

Inoltre, in caso di ripresa o aumento degli sforzi, occorrono almeno tre settimane affinché l'adattamento a questo nuovo «carico di lavoro» sia efficace, digerito dall'organismo. L'intervallo tra ogni sessione permette di integrare e assimilare i progressi compiuti - e di preservare nell' amore della pratica!

In breve: Per un buon recupero, cerco di inserire una giornata di completo riposo ogni due o tre giorni di arrampicata e soprattutto dopo una sessione intensa. Posso fare un recupero attivo coinvolgendo moderatamente altri gruppi muscolari (come una corsa leggera o un'escursione, ad esempio). Pianifico almeno 2-3 giorni di riposo a settimana. Equilibro l'intensità delle sessioni, evito di fare sessioni molto intense in successione. Dopo lo sforzo, mi assicuro di bere a sufficienza e di rispettare le mie esigenze di sonno (una giornata senza sforzarsi troppo sulle dita, ma che finisce alle 4 del mattino, non è davvero una giornata di riposo). Ascolto i segnali che il mio corpo mi invia.

55. Flessibilità

Nell'immaginario collettivo, l'arrampicata è spesso associata più alla forza che alla flessibilità. Tuttavia, molti posizionamenti e metodi richiedono più flessibilità che forza. Notate quanto le competizioni femminili siano più piacevoli da guardare rispetto a quelle maschili. Tutto sembra più arioso, etereo, fluido. Questo perché le donne spesso superano gli uomini più in flessibilità e tecnica che in pura forza, anche a livello agonistico.

Quindi, alcuni passaggi, ad esempio con un appoggio del piede molto alto, richiedono sia la forza del psoas (elevatore dell'anca) che - soprattutto - la flessibilità del bacino. Nelle placche, spesso sottovalutiamo l'importanza di una buona flessibilità delle caviglie. La pratica regolare (2-3 volte a settimana, ad esempio) di stretching mirati migliorerà la vostra flessibilità generale.

Nell'ottica di migliorare nell'arrampicata, è importante concentrarsi sulla flessibilità dell'anca. Una buona apertura dell'anca sarà un vantaggio significativo, soprattutto nelle placche, ma anche nei movimenti di recupero negli strapiombi o nei passaggi in opposizione. Inoltre, presteremo attenzione all'intera catena posteriore (polpacci, ischi, glutei, piriforme) che contribuisce alla flessibilità generale. Gli esercizi di stretching possono essere passivi ma anche attivi! Gli esercizi di mobilità della schiena, in particolare delle vertebre dorsali, eviteranno il blocco caratteristico dei climber in cifosi. In generale, una routine di stretching mirati sarà un vantaggio per l'arrampicata: miglioreremo l'arrampicata e ridurremo il rischio di infortuni.

In breve: Ogni settimana pianifico una o più sessioni di stretching concentrandomi sulla mobilità delle caviglie, sull'apertura dell'anca, sulla flessibilità della parte superiore del corpo e sulla flessibilità generale.

56. I muscoli antagonisti non devono restare in panchina o nell'armadio!

Ho lungamente esitato prima di inserire un consiglio sugli antagonisti in questo breve opuscolo. Dopo averci riflettuto a lungo, se c'è un consiglio che avrei voluto ricevere fin dall'inizio della mia pratica, è proprio questo.

Per capire l'importanza di reclutare e far lavorare gli antagonisti - ovvero i muscoli opposti o complementari a quelli più sollecitati nell'arrampicata - dobbiamo tornare alle basi. Il nostro scheletro non si tiene in piedi da solo come un accumulo di ossa mosso dai muscoli. È l'architettura nella sua totalità, grazie all'azione di tutti i suoi componenti, ossia muscoli, tendini e ossa, che tiene in piedi il corpo di ognuno di noi. Questo concetto è noto come «tensegrità». «La struttura si stabilizza grazie alle forze di tensione e compressione che vi si distribuiscono ed equilibrano». I legamenti, i muscoli e le loro terminazioni tendinee agiscono come veri «cavi» che mantengono in equilibrio la struttura ossea e consentono I movimenti.

Quando i muscoli sono sovrasviluppati e ipertrofici, si accorciano e si irrigidiscono. Ciò mette sotto pressione i muscoli antagonisti e diminuisce l'equilibrio posturale. Se gli antagonisti non sono sufficientemente sviluppati o allenati, non saranno in grado di svolgere pienamente il loro ruolo funzionale. Si verificheranno squilibri muscolari e lo scheletro si adatterà deformandosi.

La cifosi dorsale (curvatura all'indietro delle spalle), le mani che rimangono in posizione di pronazione (palmi rivolti verso il basso), e i problemi alla spalla sono alcune delle deformità corporee ricorrenti tra gli arrampicatori, legate a una sovrasollecitazione di alcuni muscoli e a una sotto sollecitazione di altri.

In generale, si osserva che le spalle si inclinano verso l'interno e le mani si orientano all'indietro. Per combattere la cifosi dorsale, lavoreremo in particolare sui muscoli stabilizzatori delle scapole (che spesso sono troppo allungati e poco tonici). Lavoreremo anche sulla cuffia dei rotatori per proteggere globalmente le spalle. Ci assicureremo di mantenere la mobilità nelle vertebre dorsali - non solo cervicali (spesso queste ultime compensano segmenti dorsali poco mobili). Ci concentreremo anche sugli stiramenti dei bicipiti, dei pettorali, delle spalle e degli avambracci (flessori ed estensori delle dita).

Molti resoconti di noti arrampicatori sottolineano la necessità di limitare le «deformità». Penso in particolare a Jerry Moffat, noto arrampicatore inglese famoso per la sua vittoria ai campionati del mondo di Leeds nel 1989. Nel suo libro «Revelations»[24], racconta come dopo diversi anni in prima fila si sia trovato costretto a fermarsi per due anni interi per curare un infortunio al gomito dovuto all'allenamento eccessivo. Menziona il rimpianto di non aver dato abbastanza importanza alla flessibilità e agli stiramenti, e di essersi sovra impegnato nell'allenamento della pura forza, nonostante il dolore.

Esercizio: Una o due volte a settimana, lavorare con l'aiuto di fasce elastiche sui muscoli stabilizzatori delle scapole e sulla cuffia dei rotatori. Fare alcuni esercizi di mobilizzazione della colonna lombare e delle vertebre dorsali (schiena curva, posizione yoga del gatto, della sfinge, del cobra, ecc.).

---

24   «Revelations» è una delle vie più famose di Jerry in Inghilterra.

57. Varia il piacere (numero 2): smetti di arrampicare!

Un consiglio strano, vero? Eppure!

Sì, ogni tanto smetti completamente di arrampicare. Prenditi una o due settimane di pausa. Pedala in bicicletta, fai escursioni, parti in viaggio (senza arrampicare...), ma fai qualcos'altro che non sia arrampicata. Il miglioramento si nutre di motivazione. E la motivazione si nutre del desiderio. Del desiderio di arrampicare, in questo caso. Può capitare che arrampicando «troppo» si instauri una diminuzione del desiderio di arrampicare e quindi una diminuzione della motivazione, che a sua volta porta a una diminuzione del miglioramento o addirittura a una regressione.

Fare una pausa completa permette a te, al tuo corpo e alla tua mente di dare spazio ad altro. Da un lato permetti al tuo corpo di curare e «lavare via» tutta la fatica cronica accumulata. Dall'altro, permetti al tuo vero sé di ricostruire il desiderio primario, l'amore per la roccia. Citiamo qui due filosofi che ammiro molto: Schopenhauer e Spinoza.

Per Schopenhauer, l'essere umano oscilla sempre tra desiderio e noia. Il desiderio lo spinge verso qualcosa e, una volta ottenuto, sopraggiunge la noia. Ed è la nascita di un nuovo desiderio a tirarlo fuori dalla noia. Nel nostro caso, come arrampicatori, amiamo e desideriamo arrampicare. Ma se arrampichiamo tutti i giorni, può insorgere una forma di stanchezza e noia. Una pausa permette di far risorgere questa «Volontà» con la V maiuscola che ci guida nell'arrampicata.

Schopenhauer dice anche che essendo il desiderio una forma di mancanza, è anche sofferenza. Ad esempio, se desideriamo migliorare, raggiungere il grado 7a e ci riusciamo, subentrerà un nuovo desiderio, una nuova mancanza, e quindi una nuova sofferenza, ad esempio voler raggiungere l'8° grado! Per lui, uno dei pochi modi per essere felici è avere desideri semplici e accontentarsene. L'arrampicata è facile, semplice, se provi piacere nell'atto di arrampicare, nel migliorare, senza necessariamente sovrainvestire nel desiderio di miglioramento, metti tutte le possibilità dalla tua parte per essere felice! «Migliorare, senza essere legati a un obiettivo, è la sfida», dice in modo appropriato lo psichiatra Christophe André. Abbiamo dimenticato Spinoza lungo la strada. La sua filosofia mette in evidenza che il desiderio di vivere, ciò che chiama conatus, per portare alla gioia, deve sforzarsi di sfuggire alle passioni tristi. Solo la gioia vale, la sua filosofia è una filosofia positiva della la vita. Pertanto, pensare solo in termini di gradi sarebbe una forma di passione triste, mentre godere della contemplazione di una linea, di una roccia, di un paesaggio e godere il massimo piacere stando semplicemente sulla roccia, cercando di arrampicare bene, senza paragonarsi ad altri, è una forma di gioia in sé! Migliorare è certamente una cosa positiva, essere felici e gioiosi lo è probabilmente di più! Possa la tua gioia alimentare il tuo miglioramento!

58. La ripresa nell'arrampicata!

Spesso si dice che l'arrampicata è uno sport ingrato. È un fatto! Guadagnare in equilibrio, forza e cinestesia richiede tempo! E richiede determinazione, impegno e perseveranza. La regolarità è necessaria per mantenere queste percezioni sottili e questa propriocezione determinante nella pratica. Ma a volte le nostre vite ci allontanano dalla roccia, può anche capitarci un infortunio inopportuno! Perderete molto più velocemente le vostre abilità nell'arrampicata di quanto non ci voglia per acquisirle. Tornando sulla roccia dopo un lungo periodo di inattività, vi sentirete «pesanti» e deboli allo stesso tempo!

Concretamente, i piedi sembreranno minuscoli, le prese delle mani scivolose e i tetti troppo inclinati! I vostri posizionamenti saranno approssimativi e la paura vi stringerà lo stomaco appena superate una protezione! Ciò si tradurrà in un'arrampicata contratta, statica e con una tenuta eccessiva delle prese. I vostri muscoli, non essendo stati sollecitati per un lungo periodo, produrranno in modo industriale tutto l'acido lattico di cui non avete bisogno!

Fortunatamente, rimane il «tracciato» di cui abbiamo parlato in precedenza. La plasticità neurale del vostro cervello ripristinerà rapidamente queste percezioni sottili. Anche i vostri muscoli hanno conservato in memoria il vostro storico di agili lucertole e sapranno rapidamente adattarsi allo sforzo che richiedete loro. Si tratta semplicemente di riprendere in modo graduale. E potrete sempre sfogliare questo piccolo libro per rinfrescare la memoria su alcuni trucchi e consigli per ripristinare rapidamente il vostro livello precedente!

Favorite un ritorno «piacevole» piuttosto che un ritorno con un «progetto pazzesco al massimo della difficoltà»! Concentratevi prima sulla quantità (arrampicate su molti tiri inferiori al vostro livello) prima di tornare alla difficoltà. Recupererete rapidamente le sensazioni e una buona base fisica e potrete presto sollecitare i muscoli in modo più specifico.

In breve: durante la ripresa, non scoraggiatevi. Riprendete gradualmente concentrandovi sulla ricerca del piacere. Non preoccupatevi: la vostra tecnica non è andata persa, la forma fisica e le sensazioni fini ritornano aumentando il volume di arrampicata.

59. Alimentazione e bevande per l'arrampicatore!

Troverete consigli dettagliati nel libro «La guida all'alimentazione dell'arrampicatore» di Caroline Milenkovic Messin, con prefazione di Seb Bouin.

Qui saremo brevi. Date le notevoli richieste fisiche dell'arrampicata, è sempre importante alimentarsi adeguatamente, sia in termini di quantità che di qualità. Discuteremo semplicemente tre regole di base:

- **Cucinate ed evitate i prodotti trasformati.**

- **Favorite gli alimenti vegetali** (frutta e verdura) e **le proteine magre** (uova, pesce, carne bianca).

- **Privilegiate i carboidrati integrali** (riso, pasta, ecc.) ed **evitate gli zuccheri aggiunti**.

Come abbiamo detto, l'arrampicata sottopone i tessuti a notevoli stress. Pertanto, sarà sempre opportuno favorire alimenti alcalinizzanti e limitare quelli che tendono all'acidificazione , al fine di ridurre dolori infiammatori e tendinopatie, ecc. Notate che non bisogna confondere il termine «alimento acidificante» con il sapore acido degli alimenti. Ad esempio, il limone è alcalinizzante nonostante il suo sapore sia acido.

In breve sull'idratazione: come in qualsiasi sport, una carenza porterà a una diminuzione delle prestazioni, ma soprattutto aumenterà il rischio di infortuni, in particolare tendinopatie. Ricordatevi di bere regolarmente durante lo sforzo, se possibile ogni 15-20 minuti. Un atleta dovrebbe bere più di 2,5 litri d'acqua al giorno. Per ridurre l'acidità del corpo, si possono usare acque ricche di bicarbonato.

Per gli spuntini ai piedi della parete: portate frutta (secca o fresca), pane integrale e acqua in quantità.

60. Dimenticate tutto quello che avete letto: l'arrampicata intuitiva!

Abbiamo appena attraversato un breve viaggio nell'universo dell'arrampicata. Abbiamo «teorizzato» diversi principi di progressione, con l'obiettivo, come suggerisce il titolo del libro, di migliorare la «tecnica e la mentalità» e raggiungere livelli di difficoltà come il 6c o il 7a! Non fate troppo rigidamente riferimento a questi principi. Date piuttosto spazio all'intuito! Sì, ve lo chiedo, dimenticate tutto - qualcosa rimarrà sempre[25] - e arrampicate come vi sentite!

L'approccio intuitivo può essere definito come un apprendimento da soli in situazioni inedite. Non si tratta necessariamente di razionalizzare il passaggio in questione, ma piuttosto di fare affidamento sull'intuizione per «superarlo».

Ovviamente, una certa base tecnica sarà un vantaggio innegabile per l'apprendimento intuitivo. Il vostro intuito farà il resto, mettendo in moto in modo istintivo processi, gesti e movimenti precedentemente acquisiti. L'intuito vi aiuterà a trovare nuovi equilibri e a inventare i movimenti che vi servono per superare una via, o un passaggio chiave.

Richiamiamo qui le parole di un certo Adam Ondra: « Arrampicate come vi sentite! Non si sa mai cosa sia veramente giusto: a volte si pensa di dover fare così e un altro arrampicatore ti dice 'No, devi farlo in questo modo' e alla fine ognuno fa come gli pare».

In definitiva, cercate di sentire il movimento piuttosto che razionalizzarlo eccessivamente. Siate creativi e, soprattutto, divertitevi! Buona arrampicata.

---

25 Edouard Herriot ha detto: «La cultura è ciò che rimane in un uomo quando ha dimenticato tutto».

Conclusione, come uscire dalla trappola del 6a?

Lo abbiamo detto sin dall'introduzione, il 70% degli arrampicatori fatica a superare il livello 6a-6b. Questo è infatti il momento di stallo più comune, quello della grande maggioranza degli arrampicatori! IL miglioramento è talvolta molto rapido per raggiungere questo livello, ma poi lo stallo, che potremmo pensare temporaneo, si insinua nel tempo.

Come conclusione, riassumiamo l'essenza della strategia da adottare per uscire da questa trappola del 6a.

1. **Riscaldatevi bene all'inizio di ogni sessione.** Per migliorare, dovrete mettere il vostro organismo a dura prova. Il riscaldamento (n. 17, 31, 32, 35, **37**, 47) vi preparerà al lavoro e ridurrà il rischio di infortuni. Deve essere parte della vostra routine (n. **37**).

2. **Fate volume!** Quello che distingue i principianti dagli arrampicatori intermedi o esperti è prima di tutto il volume dell'allenamento [26](chiavi **30**, 33, 58). L'allenamento deve essere regolare, consistente e progressivo. Due sessioni saranno il minimo per migliorare. Tre sessioni sembrano essere un buon ritmo. Assicuratevi di aumentare gradualmente l'intensità delle sessioni (n. **34**, 35) e di considerare l'importanza del recupero (n. 31, 32, 33, 34, **54**).

3. **Sviluppare la forza e la resistenza.** Forza e resistenza saranno degli asset fondamentali per uscire dalla trappola del

---

26   I climber da 6b+ a 7a scalano in media più di 30 ore al mese (che corrisponde a circa 2 sessioni di tre ore e trenta minuti o tre sessioni di oltre due ore a settimana). Da 7a+ a 7c, la media è di 47 ore, e sopra il 7c+: più di 60 ore.

6a. Si svilupperanno queste qualità attraverso una pratica ponderata di boulder (n. 15, 17, **31**, 32, 33, 38) o di tiri di resistenza con passaggi tipo boulder.

4. **Perfezionare le competenze tecniche.** Indipendentemente dal vostro livello, ci guadagnerete sempre nel perfezionare le competenze tecniche. Sia che si tratti del posizionamento dei piedi (n. **1, 2, 3, 4, 5, 6, 7, 36**) alla base della piramide, della gestione del bagaglio gestuale (n. 11, 24, 27, 29, 42), del posizionamento (n. 6, **15, 23**), della lettura n. **18**, 20, 26, 27), della memorizzazione (n. 4 e **29**), della visualizzazione (n. **19, 21**), del ritmo (n. 18, **20, 22**, 28, 24), ecc. La gestione della paura e della mentalità fa parte delle competenze dell'arrampicatore (n. 21, 26, 27, 28, 42, **44, 45, 47, 50**).

5. **Lavorare sulla flessibilità e sull'equilibrio posturale.** La flessibilità (n. **55** e 56) sarà un vantaggio cruciale per uscire dalla trappola del 6a: i piedi possono essere talvolta alti e le placche lisce! L'allenamento regolare dei muscoli antagonisti (n. **56**) preserverà dalle deformazioni e dai dolori, dannosi per qualsiasi tipo di allenamento.

6. **La motivazione è il fuoco centrale, il cuore, la turbina del miglioramento.** Contribuisce alla nostra combattività (n. **50**), alla nostra determinazione e ci consente di superare le frustrazioni del fallimento (n. **41** e **50**). Alimenterete il vostro fuoco attraverso la variazione dei piaceri e le gioie semplici dell'arrampicata (n.**38**, 41, **50, 51, 57, 58, 60**)!

Il 7a vi attende a braccia aperte!

Buona arrampicata!

Sto incontrando qualche difficoltà...
"Non temere di avanzare lentamente. Temi piuttosto di rimanere immobile", afferma un proverbio cinese.

Ringraziamenti

Un grande grazie alle mie revisori preferite, Alice Grignand e Brigitte Bujarrabal. Un grande grazie a Serena Calvi per il lavoro di traduzione! Un ringraziamento particolare a Fabienne Ribo che mi ha accompagnato durante la prima revisione e la strutturazione del libro.

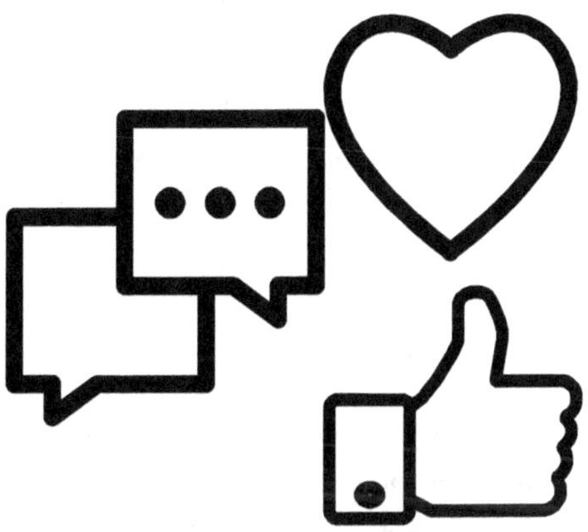

Se avete apprezzato questo libro, vi preghiamo di lasciare un commento sulla pagina Amazon.

Siamo una piccola struttura e i vostri commenti contribuiscono alla nostra visibilità, ci forniscono un vero supporto e ci incoraggiano a scrivere e realizzare nuovi libri! Contiamo su di voi!

 Efficaces éditions

Appendice

Le dita

Uncino: Le dita uncinano completamente l'interno di una presa grande (vasca).

Palmo: Il palmo della mano (e le dita) avvolgono una presa media e arrotondata.

Tesa: La mano è aperta. Solo le ultime falangi sono leggermente piegate. La presa delle dita gioca un ruolo importante nel mantenimento della presa. La presa «tesa» è quella che rispetta meglio le strutture della mano (meno traumatizzante rispetto all'arco, ad esempio).

Arcuata: Solo l'estremità delle dita è a contatto. Mano chiusa, il pollice si blocca sull'indice. Viene utilizzato su spigoli e prese con uno spessore inferiore a una falange. Questa presa è più efficace sulle prese piccole, ma più traumatica, poiché la pressione sulle articolazioni delle dita, in particolare sull'ultima falange, è 3 volte superiore rispetto alla presa tesa.

Semi-arcuata: Le dita sono piegate a 90°.

Monodito, bidito, tridito: Afferrare in modo teso con uno, due o tre dita una presa stretta (buco, tasca). Talvolta difficile e traumatico da tenere.

Pinza: Serrare una presa come una pinza, utilizzando l'opposizione tra il pollice e le altre dita. La pinza è una presa in cui il pollice e l'indice si oppongono su una presa molto piccola.

Incastro: Le dita o la mano sono incastrate in una fessura o un buco: incastro di dita, incastro di mano, incastro di pugno, incastro di due pugni, ecc. Un effetto di leva con l'avambraccio assicura la solidità dell'incastro. Il vantaggio è che non sollecita i muscoli flessori delle dita, permettendo quindi un riposo relativo.

I movimenti delle braccia

Lancio: Movimento dinamico che consiste nel prendere una presa senza fermarsi per raggiungere la presa successiva. Il lancio è spesso usato su una presa intermedia difficile da mantenere che permette comunque di semplificare il movimento verso la presa corretta.

Rovescio: Utilizzo di una presa orientata verso il basso. Si esercita una pressione verso l'alto con la mano o le mani, e si pensa a salire bene con i piedi! Più saranno alti, più sarà efficace!

Appoggio del palmo: Il palmo della mano viene premuto contro la roccia, in aderenza, con spesso le dita verso il basso, per spingere verso l'alto.

Blocco: Mantenimento su una sola presa con il braccio piegato e bloccato, mentre si cerca la presa successiva con l'altra mano. La capacità di eseguire un blocco farà spesso la differenza tra «passare» e «non passare».

Spinta: Con il palmo aperto verso l'interno, mano piatta e si spinge verso l'interno. Questo movimento è utile nei diedri e nel blocco.

Spallata: Il braccio è piegato e il palmo della mano è rivolto verso l'esterno. Questa posizione, che sollecita la spalla, consente un blocco più efficace. La presa solitamente sarà verticale o obliqua.

Cambio mano: Il climber cambia la mano su una stessa presa. Posizionate la prima mano lasciando spazio sulla presa per poter portare l'altra mano accanto. Oppure togliete gradualmente le dita della mano iniziale una per una e posizionate una per una le dita dell'altra mano.

Incrocio: Il climber esegue un incrocio delle braccia per raggiungere una nuova presa. Utile quando non è possibile cambiare la mano. La mano destra si trova quindi sulla sinistra o viceversa. Spesso viene utilizzato nei traversi.

Mano-piede: Movimento, talvolta acrobatico, che consiste nel posare il piede nello stesso punto in cui la mano tiene una presa. Questo permette di liberare una mano per raggiungere un'altra presa mantenendo l'equilibrio in modo costante.

Appoggi per i piedi

Aderenza: Appoggio del piede in aderenza su un'area senza prese sporgenti, utilizzando la forza di attrito. Il piede è perpendicolare all'appoggio, con il tallone tirato verso il basso per una maggiore efficacia.

Incastro: Incastrare le dita dei piedi o il piede all'interno di una fessura o di un buco, creando un'opposizione tra diverse parti della pianta del piede e la roccia.

A seconda dell'area di contatto della suola della scarpa:

Punta: Posizionamento dell'estremità del piede, di fronte all'appoggio, premendo sull'estremità delle dita dei piedi (alluce). Per migliorare la precisione su una piccola presa (piccole sporgenze) o per garantire un migliore equilibrio (allontanamento dei fianchi se il corpo è di fronte alla parete).

Arco interno: Posizionamento della parte interna dell'avampiede. Per aumentare la superficie di contatto su una sporgenza o facilitare il posizionamento.

Arco esterno: Posizionamento della parte esterna dell'avampiede. Per aumentare la superficie di contatto su una sporgenza o facilitare il posizionamento con i fianchi perpendicolari alla parete. Utile in traversi e in pendenza.

Pianta: Appoggio sulla parte centrale della pianta del piede. Ad esempio, per sollevarsi su una presa alta mantenendo l'equilibrio.

Tallonaggio: Utilizzo della parte posteriore del piede, sollevando la gamba. Utile per superare le pendenze e alleviare il peso dalle braccia. Richiede una certa flessibilità.

Contro-punta o aggancio di punta: Aggancio di una presa o di uno spigolo con la parte superiore della scarpa (tomaia). Usato in pendenza per mantenere il corpo contro la parete o in parete verticale per bilanciarsi su un diedro, ad esempio.

Punta-contro-punta: La presa è bloccata tra la punta e la contro-punta dei due piedi, che spingono e tirano in direzioni opposte. Usato in pendenza per mantenere il corpo vicino alla parete.

Movimenti delle gambe

Cambio piede: Cambiare il piede di appoggio su una stessa presa quando un passaggio ha solo una presa per il piede. Spesso utilizzato nei traversi.

Pivot: Rotazione del piede su una presa mantenuta in punta, per cambiare la posizione o iniziare il movimento successivo.

Cambio di tipo di appoggio: Cambiare da un appoggio di punta a una tasca, da un tallonaggio a un appoggio di punta...

Incrocio di gambe: Passare una gamba dietro (o davanti) l'altra per andare su un nuovo appoggio.

Bandiera: Stare in equilibrio con una gamba senza appoggio. Questa gamba è estesa e incrociata dietro la gamba di appoggio (bandiera). Spesso utile in passaggi in cui mancano appoggi per il piede.

Spalmo: Consiste nell'equilibrarsi con una gamba senza appoggio. Questa gamba è estesa contro la parete.

Cancan: Consiste nell'equilibrarsi con una gamba senza appoggio. Questa gamba è estesa contro la parete e incrociata davanti alla gamba di appoggio (cancan). È una sorta di «bandiera invertita» in cui la gamba passa davanti a quella di appoggio.

Lolotte: Posizionamento di una gamba con il ginocchio rivolto verso il basso (tallone verso l'alto). Permette di sfruttare una presa di piede alta o verticale e di avvicinare il corpo alla parete. Spesso usato in strapiombi per aumentare la portata.

Gancio: Tirare una presa di piede in uno strapiombo per avvicinare il corpo alla parete.

Incastro del ginocchio: Bloccarsi grazie a un appoggio del piede e del ginocchio. Richiede a volte una spinta importante delle gambe. I climber utilizzano ora delle ginocchiere «kneepad» per facilitare questo tipo di postura.

Movimenti particolari

Caricamento della spalla: Movimento di torsione che permette di avvicinare una spalla alla parete per raggiungere una presa di mano lontana con la mano libera.

Ristabilimento: Movimento che porta da una posizione di sospensione a una posizione di appoggio per uscire da un tetto o da uno strapiombo. Iniziato con il supporto di uno o entrambe le braccia o di un piede agganciato al tetto.

Derviche: Movimento incrociato di grande ampiezza in cui il climber raggiunge una presa successiva passando sotto il suo braccio, mettendosi di schiena alla parete. È quindi un movimento di grande ampiezza in cui tutto il corpo passa sotto il braccio che tiene la presa. Spesso utilizzato nei traversi su prese distanti.

Dülfer: Entrambe le mani e i piedi sono allineati su un singolo asse da un lato, i fianchi dall'altro, quindi il corpo è di profilo. Le mani sono leggermente più in alto dei piedi. Si tira con le mani e si spinge con i piedi. Questo movimento richiede una certa forza, ma è utile per superare le fessure. Questo movimento deriva dal nome del suo 'inventore' Hans Dülfer, un famoso alpinista morto durante la Prima Guerra Mondiale.

Rana: Posizione su una parete inclinata resa popolare negli anni '80. Il climber riunisce entrambi i piedi su una stessa presa posizionata nell'asse del bacino piegando le gambe, quindi si estende.

Lancio: Movimento dinamico di spinta per raggiungere una presa che non potrebbe essere raggiunta in modo statico. Il lancio è molto utilizzato nell'arrampicata su blocchi. Consiste nel riunire le mani con i piedi il più in alto possibile, quindi dare una spinta con i piedi contemporaneamente alle braccia per raggiungere una presa molto distante. Durante questo movimento, o entrambe le mani si sganciano dalle prese, o una delle due rimane agganciata mentre l'altra raggiunge la presa desiderata. I piedi possono staccarsi dalla parete. Un lancio può anche consentire di superare un passaggio quando il climber ha poca energia per effettuare un blocco.

Senza piedi (No-foot): Questo termine deriva dall'inglese e significa letteralmente «senza piedi». Il No-foot consiste, in un tiro molto strapiombante, a non utilizzare i piedi. Il No-foot può essere intenzionale per risparmiare energia o può risultare da uno scivolamento non desiderato dei piedi. Il No-foot richiede una grande forza nelle braccia, una buona coordinazione delle catene muscolari e un buon controllo del corpo per gestire il bilanciamento.

Opposizione in diedro: Un muro che si apre in due parti più o meno opposte (come due pagine di un libro appena aperto) è chiamato diedro in arrampicata. In questo tipo di profilo, bisogna progredire appoggiandosi su entrambe le parti del muro più o meno perpendicolari tra loro (di solito: mano e piede sinistro sul pannello sinistro, mano e piede destro sul pannello destro). Gli appoggi in spinta con la mano sono spesso necessari. Le gambe spingono molto forte in aderenza o sulle prese presenti. La «lolotte» può essere utile. Il «ramonage» è invece una tecnica di progressione in una fessura con opposizione tra la schiena, le mani e i piedi.

Run and jump: Movimento esclusivamente praticato su blocchi (o eccezionalmente sulla partenza di una via). Il climber parte correndo e si appoggia al muro con uno o più piedi per raggiungere le prime prese di mano situate molto in alto.

Skate: Movimento di blocco che consiste nell'equilibrarsi in piedi su un volume o prese di piede, dopo un «run and jump».

Incastro in fessura: I movimenti di incastro sono eseguiti con diverse parti del corpo bloccati in una fessura: incastro del ginocchio, incastro del tallone-punta, blocco del braccio (braccio teso) e per fessure più larghe, incastri e opposizioni tra spalla, torace e bacino («rinforzo»).

Yaniro: Questo movimento consiste, in uno strapiombo, nel posizionare la gamba sopra il braccio opposto (ad esempio, la gamba sinistra sul braccio destro) per riposare o raggiungere una presa di mano lontana. Durante questo movimento, la parte anteriore del ginocchio si posiziona nel solco del gomito. È un movimento particolarmente pericoloso e poco utilizzato. Proviene dal nome del suo «inventore» Toni Yaniro, che lo rese popolare negli anni '80.

Serena Calvi

Mi sono avvicinata al mondo dell'arrampicata alla fine degli anni '90 ed è stato un amore a prima vista! Da allora ho assistito a tanti cambiamenti in questa pratica, la sua crescita di popolarità e il progresso nei materiali e nelle tecniche di allenamento e negli stili di arrampicata, ma la mia passione per l'arrampicata e la montagna è rimasta la stessa. amo passare il tempo libero ad arrampicare, fare trekking o andare in bicicletta. Ho insegnato arrampicata e mi sono occupata di test di prodotti di montagna per una grande marca.

Attualmente insegno italiano e lingue straniere e mi occupo di traduzioni.

Tradurre questo libro è stata un'ottima occasione per unire le mie passioni!

contatto: serenacalvi@gmail.com